Törggelen in Südtirol

Hans Dosser

Törggelen in Südtirol

Wandern und Wein – die besten Empfehlungen für schöne Herbsttage

Ein Handbuch

Tappeiner Verlag

Bildnachweis: Sämtliche Aufnahmen
dieses Bandes stammen aus dem Archiv
der Tappeiner AG, Lana

Genehmigungsnummer der Luftaufnahme:
SMA 507

Kartenskizzen:
Ernst Höhne, Lohhof-München

Konzeption / Typografie:
Helmut Krämer, Gröbenzell-München

Printed in Italy
Gesamtherstellung: Tappeiner AG, Lana (BZ)
ISBN 88-7073-206-1

Inhalt

Einführung

Das Törggelen ist ein Teil der Südtiroler Alltagskultur. Als solches ist es einerseits in der Bevölkerung lebendig, doch wird es auch von der Tourismusindustrie bisweilen vermarktet und ausgeschlachtet. Das schadet dann dem Törggelen selbst und auf längere Sicht auch dem Land, das ein Stück seiner Identität verliert, wenn nur noch eine Form – das gesellige Essen und Trinken in einer schönen Atmosphäre – nachvollzogen wird, die Bedeutung aber mehr und mehr untergeht.

Um diese Bedeutung geht es hier: Das Buch versucht die Ursprünge der Tradition des Törggelens sichtbar zu machen und in Erinnerung zu rufen, daß es sich dabei um einen Brauch der Bauern und Weinhändler handelt (und nicht um einen der Gastronomie). Da zum Törggelen neben dem Wein auch das gute einfache Essen gehört, findet der Leser auch eine Führung durch die kulinarische Landschaft der bekannten und geschätzten Weinbaugebiete an Eisack und Etsch.

Die Fakten? Sie erfahren zu jedem der vorgestellten Betriebe alles Wichtige, wie die Adresse und den Namen der Besitzer, die Betriebszeit sowie die Öffnungszeiten und allerlei Wissenswertes über die Lage, Erreichbarkeit, Größe, Charakteristik und natürlich die ausgeschenkten Weine und aufgetragenen Speisen. Es versteht sich, daß in diesem Rahmen nicht sämtliche Törggelebetriebe des Landes vorgestellt werden können; vielmehr handelt es sich um einen Querschnitt durch die vielfältigen Möglichkeiten, der repräsentativ ist – und doch dem, der mit offenen Augen unterwegs ist, noch Raum für eigene Endeckungen läßt.

Doch bei einer so angenehmen Seite unseres Lebens, wie es das gute Essen und Trinken nun einmal sein kann, darf man sich nicht zuviel mit Worten aufhalten: Besser ist es, sich selbst auf den Weg zu machen und seine Sinne spazieren zu führen – nicht spazieren zu fahren übrigens, denn das Törggelen versteht sich als eine »Weinwallfahrt«, und dazu wäre Verkehrshektik keine gute Einstimmung. So handelt dieses Buch auch ausführlich von den vielfältigen Möglichkeiten des Wanderns in der herbstlichen Sonne des Weinlandes Südtirol. Einen ersten Überblick gewähren dabei die acht Detailkärtchen.

Ein geographischer Hinweis: Der Raum um Naturns, der politisch eigentlich den Burggrafenamt angehört, findet sich hier im Vinschgau-Kapitel. »Törggeletechnisch« ist das richtig so, und traditionelle Gründe, die diesen Landgewinn rechtfertigen, finden die Vinschger allemal genug …

Erklärung zu den Abkürzungen in den Übersichtskästchen:

I: Inhaber, Betreiber,
☎: Telefonnummer,
B: Betriebszeitraum,
Ö: tägliche Öffnungszeiten.
Sie finden hier zudem Informationen über die Charakteristik des Betriebes (z. B. Gasthaus oder Buschenschank) und die Notwendigkeit von Vormerkungen.

Rechte Seite: Das Weinland Südtirol, eine Landschaft der Gegensätze: Schnee auf den Dolomiten-Häuptern, Wärme in den Rebhängen – St. Georgen oberhalb von Bozen.

Was ist Törggelen?

Um es gleich vorneweg zu sagen, »Törggelen« kommt nicht vom Torkeln. Zwar soll es bisweilen vorkommen, daß jemand ins Torkeln gerät, wenn der Brauch nicht ganz artgerecht angegangen wird, doch der Begriff leitet sich vom Lateinischen Wort »torculum« ab, und das bedeutet Presse; die Weinpresse nennt man deshalb im Südtiroler Volksmund »Torkel« oder »Torggl«. Wer daraus das neutirolerische Verb »törggelen« abgeleitet hat, ist nicht bekannt.
Über das Alter des Törggele-Brauches sind die Meinungen geteilt. Das »Wörterbüchl der Bozner Mundart« aus dem Jahre 1832, von einem fremden Sommergast am Ritten zusammengestellt, enthält den Ausdruck »törggelen« jedenfalls nicht.
Johann Baptist Schöpf verfaßte 1866 das »Tirolische Idiotikon« in dem die Begriffe »Torggel« und »törggelen« in der Bedeutung »Kelter und Weinpresse« sowie »im Herbst neuen Wein trinken« vermerkt sind.

Törggelen, ein Brauch der Bauern und Weinhändler

Wie dem auch sei: Um diesen Brauch selbst besser verstehen zu können, empfiehlt es sich, einen Blick in die bäuerliche Vergangenheit zu werfen. Begonnen hat man wahrscheinlich im Eisacktal. Die Dörfer liegen hier im Talgrund, aber auch auf mittlerer Höhe. Die Bauern im Tal haben die Weinberge, aber keine Weiden, während die Bauern in den höheren Lagen Viehwirtschaft betreiben, aber keinen Wein anbauen können.
Zwar gilt diese Konstellation für ganz Südtirol, aber hier im Eisacktal hat sich daraus ein Tauschgeschäft entwickelt. Der Weinbauer durfte ein bis zwei Stück Vieh auf die Almen schicken, dafür revanchierte sich der Talbauer mit Wein oder mit einem herbstlichen Bauernschmaus, zu dessen Anlaß der neue Wein verkostet wurde. Dazu brachte die Bauersfrau alle Köstlichkeiten auf den Tisch, die der Herbst feilbot. Es wurde eigens dafür geschlachtet, denn Kühlschränke gab es damals noch keine.
Je nach Größe des Hofes und Wohlstand seiner Besitzer wurden Surfleisch, Rippelen, Würste, Kraut und Knödel aufgetischt. Der Bauer kredenzte dazu mit Stolz den neuen Wein (den »Nuien«). Zur Abrundung durften die gebratenen Kastanien nicht fehlen – die süßen Durstmacher verlangten geradezu nach »Suser« und »Federweißem«.

Bäuerliches Ambiente ist hier Programm: Weinkeller im Unterland.

Bevor der Bauer aber noch einen Krug vom alten Wein (Vorjahreswein) aus dem Keller holte, sofern solcher noch vorhanden war, brachte die Bäuerin frisch Gebackenes aus der Küche: Bauernkrapfen, Striezlen, Strauben, Tirtlen. Was die vorgenannten Begriffe bedeuten, wird in den folgenden Kapiteln über das Essen und den Wein noch etwas genauer erläutert.
Eine andere Theorie wiederum macht geltend, daß das Törggelen beim Weineinkauf entstanden sei. Aus dem Pustertal, dem Wipptal und aus Nordtirol zogen die Wirte und Weinhändler nämlich im Herbst ins nächstgelegene Weingebiet, um zu kosten und zu kaufen. Sie zogen frühzeitig los, weil einmal die alten Weinvorräte schon im Sommer zu Ende gingen, denn Konservieren war damals eine unterentwickelte Kunst in der Lebensmittelbranche; zum anderen freute man sich auf den neuen, frischen Wein. Das Törggelen muß im Eisacktal entstanden sein, daran läßt der Brixner Volkskundler Hans Fink keinen Zweifel und zitiert dazu das »Etschländer Weinbuch«: Nirgends sei so viel getörggelet worden wie in Brixen.
Ich glaube, das Törggelen liegt den Südtirolern im Blut, und so sind alle historischen Erklärungsversuche eben, was sie sind, Versuche und sonst nichts.
Natürlich blieb dieser Bauernbrauch auch den Bürgern aus den Städten nicht verborgen. Man wanderte im Herbst hinaus in die Dörfer zu den Bauern – Straßen gab es damals noch wenige –,

Rechte Seite: Jeder ist hier geladen – Weinfest in Kaltern.

um bei jenen einzukehren, die »aufkochten«. Alsbald hatte es sich herumgesprochen, wo es besonders gut war, wo es den besten Weißwein gab, wer die besten Würste machte und wo die Bäuerin besonders gut verstand, Mehlspeisen zuzubereiten. Das Törggelen war geboren und blieb lange Zeit ein reiner Bauernbrauch des Eisacktals zwischen Brixen und Bozen.
Damit ist ein für alle mal geklärt, daß das Törggelen keine Erfindung der Fremdenverkehrswerbung ist, auch wenn es von dieser gefördert und genutzt wurde und für das weinselige Image des Landes Südtirol noch immer sehr wichtig ist.
Auch im Burggrafenamt und im Unterland hat man im Herbst den neuen Wein probiert und gebratene Kastanien gegessen, aber hier verwendete man andere Begriffe. Im Meraner Raum machte man sich auf zur »Kastanienpartie« und im Weingebiet des Unterlandes ging man »in den Keller«.
Aber das »Törggelen« hat sich durchgesetzt und ist zum Markenbegriff des Südtiroler Herbstes aufgestiegen, das gleichwohl Einheimische und Gäste dieses Landes begeistert. Ob in der Bauernstube oder unter sonnigen Weinlauben oder noch besser in der Kellerschenke: Es ist immer wieder der süffige Südtiroler Rote, der die Menschen in gemütlicher Eintracht zusammenführt.
Andere Weinlandschaften haben ihre Winzerfeste und Weinmärkte – in Wien geht man zum Heurigen und im Burgenland zu den Kellerpartien, die Oberitaliener kennen die »castagnata« –, aber das Törggelen kennt nur Südtirol. Und es findet dort statt, wo Bauernhöfe zwischen Reben und Kastanienbäumen an sonnigen Hängen kleben, fleißige Bauern im Keller nach dem Rechten schauen und die Bäuerinnen nach althergebrachten Rezepten einfache Gerichte kochen.
Da das Törggelen auch eine Art Weinwallfahrt ist, sollte man sich zu Fuß auf den Weg begeben. Einmal läßt sich damit ein schöner Wandertag durch die herbstliche und sonnige Südtiroler Landschaft verbinden, zum anderen kann man, zwecks Weinvergleich, bei mehreren Höfen einkehren und somit letztlich, aber nicht unwichtig, das eingangs erwähnte Torkeln vermeiden, das auch in Südtirol im fahrbaren Untersatz nicht zu empfehlen ist, zumal die Polizei Alkoholkontrollen bei motorisierten Verkehrsteilnehmern durchführt.
Etwas Wichtiges zuletzt: Man sollte sich Zeit lassen beim Törggelen – es gibt nichts Besseres, um Land und Leute in Südtirol kennenzulernen.

Wann und wo?

Zum Törggelen gehört zu allererst eine Wanderung durch Südtirols Kulturlandschaft. Hier gedeihen die Reben, wird der Wein gekeltert säumen Kastanienbäume die Waldränder. Kulturlandschaft ist in Südtirol Bauernland, das heißt von Bauern in jahrhundertelanger mühsamer Arbeit mit dem Ziel gestaltetes Land, darin zu überleben.

Dort allerdings, wo der Wein wächst, war das Leben schon immer leichter als auf den Berghöfen, wo auch in unserer Zeit die Menschen nicht im Überfluß leben. Durch diese Gegend verlaufen heute Südtirols schönste Wanderwege für das Frühjahr und den Herbst, auf denen ich Sie zu den Bauernhöfen, Buschenschanken und Weinkellern führen möchte, bei denen man besonders gut einkehren und törggelen kann.

Die Wandervorschläge sind den Gebieten zugeordnet, in die sich dieser Führer gliedert: Wir besuchen das Eisacktal – der Raum Brixen und Klausen –, die Bozner Weinhänge bis zum Ritten und zum Salten, den Süden Südtirols entlang der Weinstraße und um

Die Architektur des Landes und seiner Leute: Die Weinhänge zu Füßen von Schloß Lebenberg oberhalb von Tscherms sind eine Heimat der Vernatsch-Traube.

Auer und Neumarkt, das Burggrafenamt um Meran sowie den Vinschgau hinauf bis Schlanders. Wo in Südtirol Wein gedeiht, kann man auch törggelen – und noch einiges darüber hinaus.

Die Sonne bringt das Feuer für die Weinhänge über dem Tal: Über dem Eisack – wie hier bei Klausen – gedeihen vorzüglich Müller-Thurgau und Sylvaner.

Buschenschank oder Gasthof? Ein Wort zu den Betrieben

Heute kehrt man nicht nur in Buschenschanken und Weinhöfen ein, sondern auch in Gaststätten, die sich bemühen, alles zu bieten, was man beim Törggelen am Bauernhof sucht.
Ein Gasthof ist rechtlich ein öffentlicher Betrieb und hat eine besondere Lizenz zur Verabreichung von eigenen Produkten; die Öffnungszeit ist auf sechs Monate begrenzt.
Die Tradition des Buschen geht zurück auf die k.k.-Zeit Tirols und bedeutet heute noch das Privileg für den Erzeuger zum eigenen Verkauf seiner Produkte.
Viele Höfe haben von Oktober bis März offen, andere wieder teilen die Öffnungszeiten zwischen Frühjahr und Herbst auf und haben im Sommer und im Winter geschlossen. Beide Betriebs-

Die Traubenlese mit der »Wimmschüssel« ist eine Arbeit für ebenso geschickte wie fleißige Hände.

arten – Gasthöfe und Buschenschanken – können die Öffnungszeiten von Jahr zu Jahr ändern, dienen die angegebenen Zeiten nur einer groben Orientierung.

Das klassische Törggelen ist ein Herbstbrauch und erreicht seinen Höhepunkt beim Verkosten des neuen Weines. Dies erfolgt in der Regel erst ab der zweiten Oktoberhälfte bis in den November hinein. Mancherorts haben Törggelebetriebe das ganze Jahr über geöffnet und eignen sich dann auch besonders zum Einkehren nach dem Skilaufen. Törggelen und Skilaufen ist also kein Werbegag, sondern eine Südtiroler Spezialität.

Die Törggelegegenden sind nicht nur im Herbst herrliche Wandergebiete, sondern sie bieten auch im Frühling den Anreiz, erste Schritte in die lauschige Luft zu wagen und nach den ersten Blüten zu suchen. Deshalb sind die Betriebe im Burggrafenamt entlang der Waalwege, im Vinschgau, an der Weinstraße und im Eisacktal auch im Frühjahr beliebte Einkehrstätten geworden. Dadurch hat sich das Törggelen über die klassische Zeit hinaus ausgedehnt und speziell die Buschenschanken haben ihren Speiseplan der Jahreszeit angepaßt, denn im Frühjahr kann man halt keine gebratenen Kastanien essen. Oder vielleicht doch?

Der Wein

Die Weinkenner freuten sich schon immer auf den neuen Wein (den Nuien). Dies mag wohl daran liegen, daß der alte schon allzufrüh zu Ende gegangen ist oder abgestanden schmeckte. In Wahrheit liegt es aber am Südtiroler Wein selbst, der zum allergrößten Teil ein Rotwein ist und von der Vernatschrebe stammt. Diese Rebe liefert einen leichten und süffigen Rebensaft, dessen vornehmliches Qualitätsmerkmal die Frische ist. Früher mußte er übers Jahr getrunken werden, heute kann man ihn mit moderner Kellertechnik und Flaschenkonservierung auch länger aufbewahren, aber besser wird er dabei nicht.

Natürlich gibt es auch in Südtirol, hervorgerufen durch die allgemeine Absatzkrise von Durchschnittsweinen, einen Trend zum Qualitätswein. Neue, schöne Rotweinsorten werden angebaut und reifen zu vollmundigen Jahrgängen, die auch ein paar Jahre im Keller liegen können. Es wird vermehrt Weißwein angebaut, weil ein höherer Säuregehalt die sortenspezifischen Buketts verfeinert. Alte elegante Flaschenformen werden dafür wieder verwendet und mit graphisch anspruchsvollen Etiketten geschmückt, um den edlen Inhalt auch optisch zu dokumentieren. Vorbei ist, Gott sei's gedankt, die Zeit vom aufgezuckerten Kalterersee in der Zwei-Liter-Flasche, mit weinlaub- und wappentiergezierten Etiketten und den gotischen Schriften, die nur der Kellermeister selber lesen konnte.

In diesem Buch ist die Rede vom Bauernwein, vom sogenannten Eigenbau, der liebevoll vom Rebenschneiden bis zum Abfüllen vom Bauern selbst gehegt wird. Es ist ein langer und vielfältiger Prozeß, und der Eigenbauer muß sich gut auskennen, wenn das Resultat am Ende stimmen soll. Er darf sich bei den vielen Arbeitsgängen das ganze Jahr hindurch keinen Fehler leisten, wenn er sich durch das Endprodukt nicht kompromittieren lassen will.

Üblicherweise ist der Eigenbau kein Sortenwein, sondern die Mischung aus allem was im Weinberg wächst. Da wird Vernatsch mit Portugieser Trauben oder gar mit weißen Trauben zusammen gekeltert. Da ist kein Eigenbau gleich dem anderen. Besonders im Eisacktal überleben Rebensorten, die anderswo bereits verschwunden sind. Sie gestalten deshalb die Weinlandschaft des Eigenbaus besonders abwechslungsreich: Blatterle, Furner, Goldbeere, Kerner, Pfefferer, Portugieser etc.

Ehrgeizige »Eigenbauer« streben natürlich den Sortenwein an, vor allem jene, die neu anpflanzen, sind bestrebt, »Raslen« (junge Reben) einer Sorte auszubringen. Der klassische »Südtiroler

Zur folgenden Doppelseite: Terlan und seine »Silberleiten« – zwischen Meran und Bozen wird das Etschtal zur »Falle« für die Strahlen der Sonne.

Eine Fracht, unter der sich das Kreuz zur Abwechslung einmal gern beugt. »Wimmen« nennen die Südtiroler die Arbeit der Weinlese.

Rote« ist auch beim Törggelen ein frischer Vernatschwein, der im Herbst verkostet wird. Da wird zuerst der junge Most probiert und festgestellt, wie es mit dem Zucker bestellt ist, dann werden die Vorzüge des stürmischen Sauser (»Suser«) goutiert, der besonders zu den gebratenen Kastanien schmeckt. Dann kommt der »Federweiße« dran, bei dem sich nach der Vergärung des Zukkers die Hefe absetzt und das ganze milchigweiß verfärbt. Aber der eigentliche »Nuie« ist schon ein fertiger Wein, und der braucht noch ein bißchen Zeit.

Suser und Federweißer sind Stadien der Weinentstehung, die nur kurze Zeit dauern, und deshalb bekommt man beide immer seltener zum Verkosten.

Wenn man also einen Wein bestellt, sollte man sich nicht nur für weiß oder rot entscheiden, sondern es ist durchaus erlaubt zu fragen, welche Sorte oder Sorten im Eigenbau enthalten sind. Vergleichen Sie einen Eigenbau nicht mit einem DOC-Wein, einem Qualitätswein mit kontrolliertem Ursprung. Der Eigenbau ist ein handwerkliches Resultat eines einzelnen Bauern und somit ein Jahreskunstwerk.

Das Essen

Nachdem bekanntlich Essen und Trinken Leib und Seele zusammenhält, ist Südtirol im Herbst ein Paradies für beides. Jawohl, auch für die Seele, denn der Sommer, der sich dem Winter zuneigt, findet im Herbst seine Erfüllung, die sich nicht nur in der Farbenpracht der Blätter ausdrückt, sondern auch einen Berg von Köstlichkeiten ausbreitet, als sollten wir mit dem einbrechenden Winter versöhnt werden.
Ein Duft von frischem Obst, vermischt mit dem süßlichen Geruch gekelterter Trauben und dem schon etwas modernden dritten Heu, dem sogenannten »Pofl«, erfüllt die sonnigen Herbsttage. Noch einmal auftanken, im Freien sitzen, der tieferstehenden Sonne mit halboffenen Augen zuzwinkernd, ein Glas vom neuen Wein schlürfen, sich in die Stube verkriechen und etwas Gescheites essen. Eine Stimmung aus Wohligsein und der trunkenen Geselligkeit macht sich unter den Menschen breit: Herbst ist Versöhnung. Der Herbst ist wahrscheinlich überall schön, wo die Natur im Frühjahr erblüht. Herbst in Südtirol ist etwas besonderes, es ist Törggelezeit.
Was ißt man beim Törggelen? Ein kurzer Überblick über Gerichte und Speisen soll zum Durchblick verhelfen. Jedes Essen,

Wir nähern uns den einfachen, aber dennoch höheren Genüssen der Südtiroler Gastlichkeit: Speck, Käse, Vinschgerl, Wein und Kastanien – so etwa könnte eine bäuerliche Brotzeit aussehen.

ob kalt oder warm, beginnt in Südtirol beim Brot: hausgemachtes Roggenbrot, bekannt als »Vinschgerl«, unter Einheimischen einfach Paarlbrot genannt. Das Vinschger Paarl ist bekannt geworden, weil es besonders würzig zubereitet wird (Anis, Brotklee), gleich wie das Fladenbrot, »Schüttelbrot« genannt, das besonders als Völserbrot Verbreitung gefunden hat. Beide sind mittlerweile überall zu bekommen.
Ob Paarlbrot, Schüttelbrot oder als Vorschlag ist es geeignet, vor allem dem Speck hinterher zu folgen. Inzwischen ist auf so manchem Bauernhof auch schon hausgemachtes Speck- und Zwiebelbrot zu bekommen. Am besten ist Brot allemal mit einem Strich hausgemachter Butter und einem Glas Weißwein.
Der Bauernspeck ist natürlich am besten, wenn er am Bauernhof hergestellt wird. Er muß »kirnig« sein. Dieses kaum ins Hochdeutsche übersetzbare Wort beschreibt den Zustand der Festigkeit eines guten Specks, ohne daß derselbe zäh oder gar hart wäre. Voraussetzung dafür ist, daß das edle Teil vom Schwein gut gewürzt (Salz, Pfeffer, Wacholder, Lorbeer, Knoblauch) vier bis fünf Wochen lang durchgepökelt wird und nach dem Abtrocknen zum Selchen (Räuchern) in den Rauch gehängt wird. Das im Rauch enthaltene Kreosot verändert die Fleischfasern und schützt sie vor Fäulnis. An der Oberfläche gerinnt das Eiweiß zu einer trockenen und festen Schicht, die das Eindringen von Bakterien verhindert. Das »Selchen« ist also eine Konservierungsmethode die sicher schon von Kelten, Slawen und Rätern praktiziert wurde. Nach einem guten Monat im kühlen Rauch ist der Prozeß abgeschlossen. Danach muß der Speck noch einige Monate lufttrocknet werden und weitere Flüssigkeit verlieren. Nach den Gewürzen und dem Rauch ist es gerade die Südtiroler Luft, die den Speck zur Spezialität macht. Der Speck ist also eine Speise, dessen Qualität vor allem vom Klima abhängt.
In einem ähnlichen Verfahren werden die Kaminwurzen hergestellt. Man hat früher die Schweinswürste, mit einheimischen Rindfleisch oder gar Wildfleisch vermischt, direkt in den Rauchabzug gehängt, deshalb der Namensbezug zum Kamin. Auch die Kaminwurzen sollten, wie der Speck, nicht zu weich, aber gut gewürzt sein.
Weitere kalte Gerichte sind: Saurer Kalbskopf und Rindfleisch mit reichlich Zwiebeln garniert, Almkase, selbstgemachter Graukäse (»Graukas«) und Gorgonzola. Der Graukäse ist ein leichter Frischkäse und wird am besten mit Zwiebel und Öl angerichtet.

Die Qual der Wahl? Da gibt es goldene Brücken, eine nennt sich beispielsweise »Tris« und bedeutet: drei Gerichte, von jedem ein wenig – vielleicht fällt die Entscheidung beim nächsten Mal schon leichter …

Schlutzkrapfen, frisch aus der Pfanne. Ein sicherer Tip für alle, die bestimmt nichts verkehrt machen wollen.

Kugelrunder Mittelpunkt der traditionellen Südtiroler Küche: der Knödel. In seinem Inneren findet vom Käse über den Spinat bis hin zum Speck so allerlei seinen richtigen Platz, und zu ihm paßt beinahe alles.

Der Gorgonzola ist natürlich keine Südtiroler Bauernspezialität, aber wenn heiße Kartoffeln serviert werden, darf er nicht fehlen, deshalb haben wir ihn aus dem Italienischen in die Tiroler Küche integriert.
Auf ein Brettl mit Speck, Kaminwurzen und Käse darf natürlich der Kren (Meerrettich) nicht fehlen. Im Eisacktal gibt es als Spezialität den Preßsack (verschiedenes Fleisch in Sülze, im Sack gepreßt). Ein abschließender Rat zu den kalten Speisen: Für diejenigen, die zwischen den Mahlzeiten Einkehr halten und sich mangels Hunger nicht entscheiden können, welchen Weinbeißer sie bestellen sollen, empfiehlt sich eine Brettljause mit allem, was so im Hause ist.
Bei den warmen Speisen steht an erster Stelle *das* Tiroler Bauerngericht: der Knödel. Ob am Törggelehof oder in der Kellerwirtschaft darf diese einfache und bekömmliche Grundnahrung nicht fehlen, zumal sie vielfältig kombinierbar ist und deshalb einmal als Vorspeise, dann wieder als Hauptgericht oder als Beilage auf den Tisch kommt. Früher war selbst der Fastenknödel aus weißem Brot ein Sonntagsgericht, denn der Alltagsknödel bestand aus »Plentnmehl« (Buchweizen). Außer den vorgenannten Knödelarten werden heute als Vorspeise in der Suppe oder als Beilage, Speck- und Leberknödel serviert, während Käse und Spinatknödel in zerlassener Butter angerichtet werden. Eine Spezialität die sich vom Eisacktal aus verbreitet hat, sind die

Krapfen – viel-seitig aufgetischt. So ist es oft: Man nennt ein Wort und meint eine kulinarische Welt.

Schlutzkrapfen, die mit Spinat oder Topfen gefüllt und mit Butter und viel Parmesankäse angerichtet werden. Käsenocken, Spinatspätzlen und Blutnudel sind weitere Köstlichkeiten, die die Wahl zur Qual machen, von der uns nur eine typisch italienische Lösung befreit: ein »Tris« – drei Kostproben auf einem Teller. Weitere Vorspeisen: Saure Suppe aus Kutteln, Gerstsuppe mit geselchtem Fleisch.
Ist der Knödel der ganze Stolz der Köchin, so ist die Hauswurst die Domäne des Mannes und zusammen mit Kraut (Weißkraut oder Rübenkraut) ein weiteres Grundelement Südtiroler Bauernküche. Die hausgemachten Würste mit Kraut und Surfleisch (gepökeltes Schweinefleisch) und die Knödel als Beilage ergeben die Bauernplatte, das meistgegessene Hauptgericht beim Törggelen.
Je nach Appetit lassen sich die Gerichte kombinieren: Kraut und Wurst, Knödel und Kraut, Knödel und Gulasch, Schweinsrippen und Surfleisch, Schweinefleisch und Kraut etc. Am besten bestellt man sich, was gerade frisch gekocht wurde, doch auch die Empfehlung der Gastgeber ist allemal zu beachten.
Ein Wort zum »Geselchten«, was heißt zum Geräucherten: Man kann meistens von den Würsten bis zur Schweinshaxe zwischen geräucherter und frischer Machart wählen. Auch »geräuchert« ist »frisch«, und wer den dezenten Rauchgeschmack schätzt, sollte sich dafür entscheiden – es ist typisch tirolerische Bauernart, aber nicht jedermanns Sache.

Bevor's ans Aufhören geht, hat man vielleicht mit ihnen noch seine helle Gaumenfreude: Eisacktaler Krapfen.

Wenn Gebratenes auf den Tisch kommt, dann gibt es: Bauernbraten aus Schweinefleisch oder Schöpsernes, also Lammbraten, Schweinsrippen und Schweinsstelze. Das echte Bauernbratl wird zusammen mit den Kartoffeln in der Pfanne gebraten und ist eigentlich nur auf Vorbestellung zu bekommen. Der geschmorte Rindsbraten gehört schon zu den feinen Gerichten und ist in der Bauernwirtschaft eher seltener.

So mancher möchte Kaiserschmarrn als Hauptgericht, aber eigentlich sind wir da schon bei den Nachspeisen, wo die zünftige Bauernküche abermals Deftiges und Schmackhaftes zu bieten hat. Wer vor Kalorien Angst hat, muß sich da schon vorher entscheiden, ob er bei der Vorspeise oder bei dem Hauptgericht Zurückhaltung übt, denn alles, was eine Bauernküche bietet, ist bei einer Mahlzeit beim besten Willen nicht zu verkraften. Wenn aber frisch Gebackenes aus der Küche kommt, schmilzt so mancher gute Vorsatz: Strizlen, Strauben, Tirtlen – Bauernkrapfen mit »Kloatzen« (getrocknete Birnenschnitten), mit Mohn, Kastanien oder mit Marmelade gefullt, Apfelkuchen, Schwarzplentene Torte, Strudel – und alles mit oder ohne Sahne.

Guten Appetit!

Zur Auswahl der Betriebe

Es gibt im Weinland Südtirol natürlich Hunderte von geeigneten Einkehrmöglichkeiten. Für jeden Geschmack ist etwas Passendes darunter. Die Nichtaufnahme in diesem Führer bedeutet also keinesfalls die Abwertung eines Gasthauses, Buschenschanks oder Kellers. Aber da sich auch ein sorgfältig abwägender Autor letztlich der Pflicht zur Auswahl unterwerfen muß, bleibt ihm wenigstens die Möglichkeit, die von ihm angewandten Kriterien offenzulegen. Und das sind folgende:

Echtheit: Handelt es sich um einen Bauernhof oder Buschen bzw. um ein Gasthaus mit Bauernhof? Werden eigene Produkte angeboten (Wein, Speck, Fleisch, Würste, Kastanien etc.)?

Lage: Zeichnet sich der Törggelebetrieb durch eine besondere Lage aus, eignet er sich als als Wanderziel bzw. Einkehrmöglichkeit bei einer Wanderung?

Gastronomie und der Wein: Gibt es bäuerliche Gerichte, Eigenbauweine, gute offene Landweine bzw. im Weinbaugebiet Sortenwahl?

Traditionelle Bedeutung: Zeichnet den Betrieb, Hof oder Keller ein besonderes Ambiente aus? Gibt es Sitzgelegenheiten im Freien? Läßt sich Bemerkenswertes aus der Historie des Gehöftes oder seiner Umgebung berichten?

Die Wärme tut den Reben gut, und deren Saft den Menschen. Es ist also für alle bestens gesorgt am Vinschgauer Sonnenberg.

Meran und das Burggrafenamt

In der Meraner Gegend ging man traditionell zur Kastanienpartie, der Begriff »törggelen« wurde erst in jüngerer Zeit in den Sprachgebrauch übernommen. Dieses Gebiet umfaßt das Etschtal oberhalb von Vilpian bis hinauf an die Schwelle zum Vinschgau an der Töll. Berühmt gemacht hat den Meraner Herbst die Traubenkur – die aber kaum jemanden interessiert, es sei denn, es handelt sich um die vergorenen Trauben, denn der Rebensaft schmeckt allemal in dieser Gegend, ob als Eigenbauwein oder als Meraner DOC-Wein.

Rund um den Meraner Talkessel lädt ein ganzer Ring von »Waalwegen« zum gemütlichen Wandern ein – so heißen die in Talnähe an den Bergflanken nahezu eben verlaufenden Pfade entlang der künstlich angelegten kleinen Bewässerungskanäle. Diese Waalwanderungen sind kombinierbar mit Spaziergängen durch die Dörfer ringsum, aber auch mit den alpinen Wegen am Marlinger Berg, in der südlichen Texelgruppe oberhalb von Algund und Dorf Tirol, am Schenner Berg oder am Freiberg.

Besonders die nach Süden hin freien Wanderwege von Tirol über Vellau nach Partschins und Gigglberg sind im Spätherbst durch ihre sonnige Lage einmalig, denn hier hat sich eine geradezu mediterrane Vegetation entfaltet. Die verschiedenen »Stockwerke«, auf denen Obst und Wein gedeiht, Buschwald, Eichenwald und Nadelwald steht, und über denen Almhütten dösen, liegen so dicht übereinander, daß man sie an einem einzigen Wandertag allesamt durchqueren könnte. Je nach Jahreszeit kann man sich hier die geeignete Etage auswählen.

Der Algunder Waalweg, der Schlundensteinweg, der Saxnerweg, der 25er-Weg und ganz oben der Meraner Höhenweg verlaufen parallel über- und nebeneinander und können vielfältig miteinander verbunden werden. Die Beschilderung ist sehr gut und gibt dem Wanderer Sicherheit.

Die folgenden Routenvorschläge sind nur eine kleine Auswahl aus einer Vielzahl von möglichen Wanderempfehlungen. Im Herzstück Tirols führen diese Wege zu den kulturhistorischen Denkmälern, die die Gegend um Meran so reizvoll und abwechslungsreich gestalten. Hier kann man das Auto wirklich stehen lassen, denn Schloß Tirol, Thurnstein, Schloß Schenna, die Kirchen St. Peter, St. Georgen oder St. Hippolyt, um nur die bekanntesten zu nennen, sind allesamt gut zu Fuß zu erreichen bzw. – mit einem Busfahrplan in Tasche – zu idealen Rundwanderungen zu kombinieren.

Wandervorschlag Nr. 1: Sirmian–Gaid

Mit dem Auto von Nals nach Sirmian bis zum Ende der Fahrstraße, dort Parkmöglichkeit. Fußweg Nr. 8 führt nach Gaid.
Der durchgehend mit Nr. 8 markierte Weg führt, das Höllental querend, zum Weiler Gaid und bietet Tiefblicke ins Etschtal und in den Bozner Talkessel sowie auf den gegenüberliegenden Salten und Tschögglberg bis hin zu den Dolomitengipfeln (Rosengarten, Latemar).
Der Abstieg zum Moarhof beim Kirchlein in Gaid erfolgt entlang der Forststraße oder über die herrlichen Lärchenwiesen, die den Wanderer immer im Zweifel lassen, ob sie nun im Frühjahr oder im Herbst am schönsten sind.
Wer nicht bis zum Moarhof absteigen will, muß bereits vorher der Abzweigung »Sirmian« folgen. Der Weg führt nun durch das untere schluchtartige Höllental zurück zur Sirmianer Straße, der wir kurz aufwärts bis zum Parkplatz folgen. Der Weg durch das Höllental ist geologisch interessant, aber für sehr Ängstliche nicht geeignet.
Rundwanderung; Gehzeit ca. 3 Stunden.

Wo's dem Wein gut geht, kann auch für einen Landesherrn kein schlechter Platz sein – Schloß Tirol (oben) und die Brunnenburg liegen hoch über dem Meraner Talbecken.

Zur folgenden Doppelseite: Über sich die schneeglänzenden Gipfel der Texelgruppe (hier die Zielspitze), um sich die leuchtenden Rebanlagen: Einen beneidenswerten »Arbeitsplatz« besaßen offensichtlich die Grafen von Tirol.

Wandervorschlag Nr. 2: Lana–Völlan–St. Hippolyt

Am Beginn der Gampenstraße in Oberlana folgen wir, nach rechts abzweigend, der Markierung Nr. 8 Richtung Völlan, vorbei am Runggöglhof. Es geht durch Buschwald und das letzte Stück der Straße entlang nach Völlan. Dorthin kann man auch mit dem Auto fahren, um von hier aus die Rundwanderung Naraun–St. Hippolyt zu beginnen.

Von Völlan aus wählt man den Weg Nr. 8 durch Obstwiesen und über den Waldweg vorbei an der Talmühle (alte Steinbrücke) Richtung Naraun. Beim ersten Hof biegen wir links ab und folgen der Beschilderung »St. Hippolyt«. Der Weg führt auf den aussichtsreichsten Kirchhügel des Tisner Mittelgebirges mit der gleichnamigen Kirche. St. Hippolyt wurde 1286 erstmals urkundlich erwähnt. Schlüssel für die Besichtigung in der Jausenstation unmittelbar neben der Kirche.

Von hier geht es weiter auf Weg Nr. 5 bis zur Gampenstraße, der wir etwa 300 Meter aufwärts folgen, bevor wir rechts abzweigend den Hofstätterhof (T) erreichen. Von hier weiter bis zum

St. Hippolyt nördlich über Tisens: Idyll und traumhafter Aussichtsbalkon über dem Etschtal. Der Blick reicht von Meran bis Bozen sowie auf die Bergwelt von der Texelgruppe bis zu den Dolomiten.

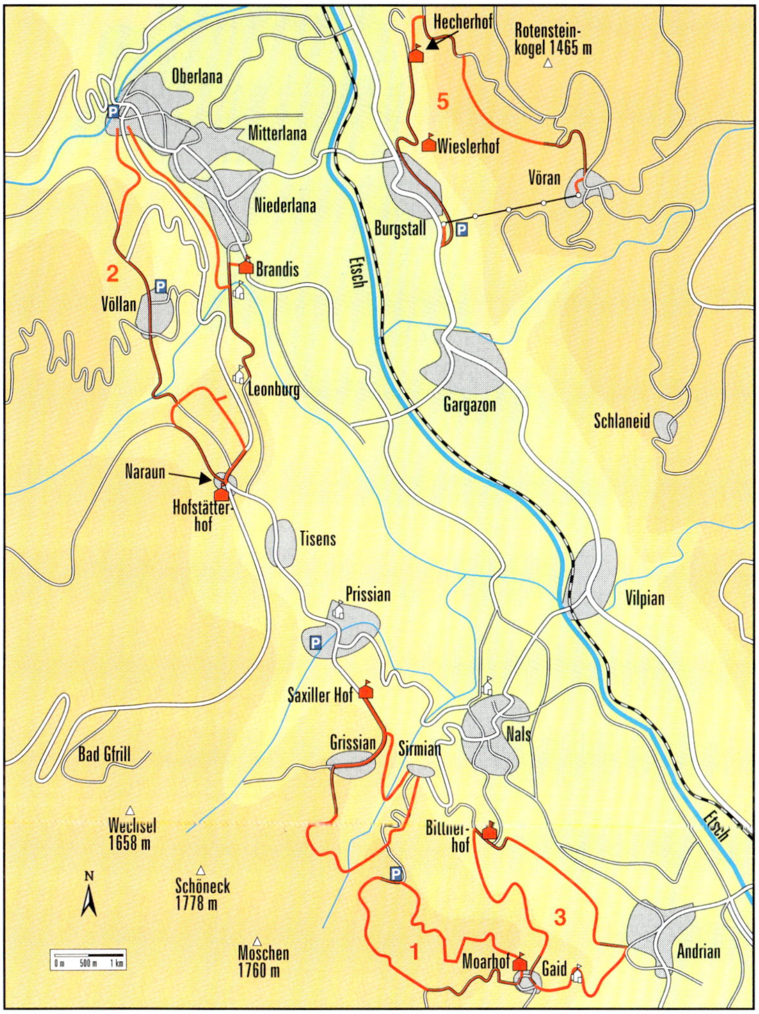

Das südliche Burggrafenamt.

Ulpmerhof und weiter bis zum Obermairhof, wo sich die Rundwanderung schließt.
Rundwanderung; Gehzeit ca. 3 Stunden

Wandervorschlag Nr. 3: Andrian–Gaid

Vom oberen Dorfende von Andrian führt der Weg in die Felsensteinschlucht. Zuerst geht es in leichter Steigung auf Weg Nr. 15 in dieser engen beeindruckenden Porphyrschlucht nach oben. Die letzten Meter zur Ruine Festenstein sind mit Sicherungen

versehen, aber nicht gefährlich. Bei feuchtem Wetter sollte man hier nur auf-, aber nicht absteigen. Nun kurz zum Weiler Gaid (Moarhof, T), über den Larchsteig Richtung Sirmian zum Bittnerhof (T) und auf der Staße entlang abwärts. Nach der zweiten Kehre folgt man rechts dem Schild »Andrian«. Man quert den Hang durch Buschwald und trifft kurz vor dem Abstieg zum Dorf Andrian auf die Burg Wolfthurn.
Rundwanderung; Gehzeit ca. 3 Std.

Wandervorschlag Nr. 4: Schenna–St. Georgen

Anfahrt mit dem Auto oder mit dem Bus bis St. Georgen. Hier sollte man einen Blick in die Rundkirche aus dem 13. Jahrhundert werfen oder einfach nur über den alten Kirchhügel spazieren. Die eigenartigen Fresken, auch »Bestiarien« genannt, gibt es in Südtirol ein zweites Mal nur in Kastelaz-Tramin.
Wir folgen der Beschilderung »Waalweg« Richtung Norden, erreichen diesen nach 300 Metern und wandern rechter Hand über St. Georgen bis zum Schloß Vernaun. Dieser Weg führt, wie alle klassischen Waalwege des Burggrafenamtes, zwischen Wald und Obstkulturen hindurch mit herrlichem Blick auf Meran und auf die gegenüberliegenden Gipfel der Texelgruppe. In Vernaun folgen wir der Beschilderung »Raststeinweg«, den wir kurz auf einer

Kleinod für Törggelewanderer mit Sinn für kunsthistorische Sehenswürdigkeiten: die Rundkirche zum hl. Georg in Schenna.

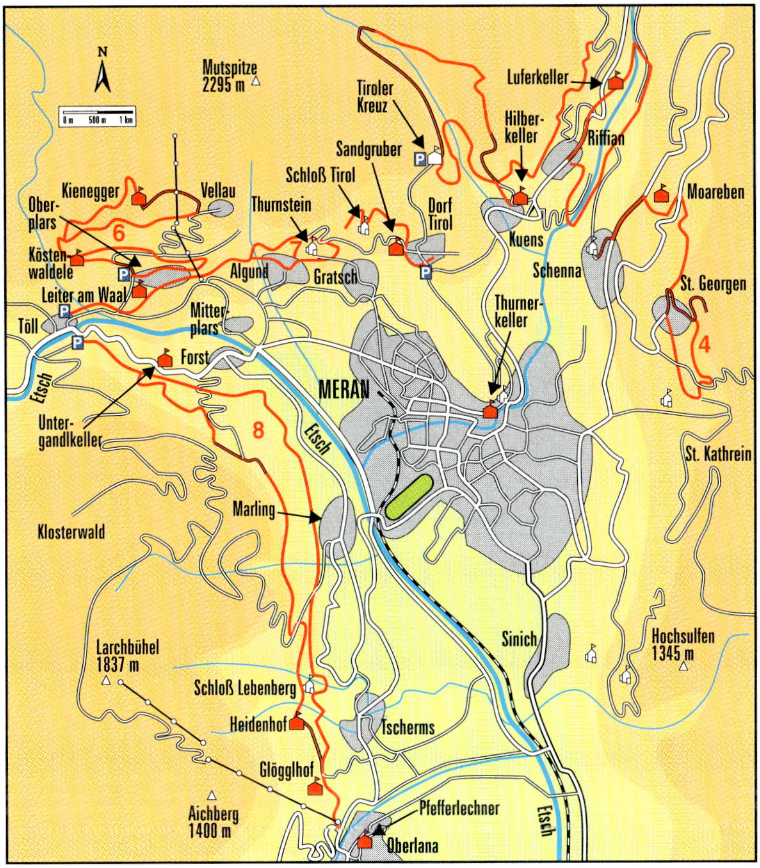

Die Umgebung von Meran.

Fahrstraße, links einbiegend, erreichen. Dieser Waldweg führt, nun etwas höher verlaufend, vorbei an den Bauernhöfen und Einkehrstätten von Salfgut und Rastl und von dort wieder absteigend zum Verdinser Waalweg und zurück nach St. Georgen. *Varianten:* Beim Bauernhof Salfgut kann man dem Fahrweg entlang den Waalweg auf einer verkürzten Variante erreichen. Nach dem Gasthof Rastl gelangt man rechts aufwärts zum Zmeilerhof. Rundwanderung; Gehzeit: 2 Std.

Wandervorschlag Nr. 5: Vöran–Freiberg

Man fährt mit dem Auto oder dem Linienbus zur Talstation der Seilbahn in Burgstall, mit der man bequem nach Vöran am Tschögglberg gelangt.

Die Weinhänge oberhalb von Plars bei Algund erschienen unseren Vorfahren offenbar auch als ein »Gott gefälliger« Platz, und so errichteten sie ihm mittendrin ein Haus.

Nun wählt man den Weg Nr. 1 Richtung Norden. Diese Markierung führt letztlich bis nach Meran und ist eine historische Verbindung zwischen der Stadt und dem Tschögglberg. Man wandert an sonnig gelegenen Höfen vorbei und genießt den Tiefblick ins Etschtal und hinüber zu den Dreitausendern der Texelgruppe. Nach dem steileren Abstieg in Serpentinen folgen wir bei der Weggabelung dem Weg Nr. 1 A und gelangen auf einen Höfeweg. Hier geht es dann links zum Hecherhof (T). Wir halten uns links hinunter nach Burgstall und kommen an der Pfarrkirche vorbei bis zur Seilbahnstation. Beim Abstieg über den Höfeweg kann man unterhalb vom Koflerhof (Einkehrstätte) links zum Wieslerhof abzweigen.
Gehzeit: 2 1/2 Std.

Wandervorschlag Nr. 6: Oberplars–Vellau

Von Oberplars zunächst der Straße entlang zum Saxnerhof. Kurz nach diesem folgt man der Abzweigung links und gelangt auf dem Kieneggerweg durch Mischwald steil hinauf zum Kienegger (T).

Abstieg über Steig und Forststraße nach Vellau bis zum Gasthof Ladurner, Richtung Korblift, weiter zum Saxnerweg (Schalensteinplatte) und zurück zum Saxnerhof. Kurz unterhalb des Hofes links auf dem Waalweg weiter und, die Straße querend, den Schlundenstein hinunter zum Plarser Waal. Diesem folgt man rechts entlang und wieder aufsteigend nach Oberplars.
Rundwanderung; Gehzeit: 3 Std.

Ausgedehntes Spaziervergnügen ohne große Anstrengungen genießt man am Marlinger Waalweg, der bis Lana führt.

Wandervorschlag Nr. 7: Plarser Waal

Am Töller Graben oberhalb von Algund beginnt der Plarser Waal. Vorbei am »Leiter am Waal« (T) geht man bis zur Fahrstraße, die nach dem »Café Konrad« nach oben führt. Auf dieser Straße weiter und nach 200 Metern rechts über den »Ochsentod«. Dieser alte Platten- und Pflasterweg (Urweg) führt weiter bis zum Schloß Thurnstein (Einkehrstätte, »Napoleonwein«).
Rechts vom Schloß Abstieg durch Laubwald, vorbei am Wallnerhof zum Waal und diesem rechts entlang zurück zum Ausgangspunkt.
Rundwanderung; Gehzeit: 2 1/2 Std.

Wandervorschlag Nr. 8: Marlinger Waal

Der Waalweg beginnt auf der Töll und führt bis nach Lana. Entlang des Weges gibt es viele Einkehrmöglichkeiten: Restaurants, Cafés und Bauernwirtschaften.
Mit dem Auto (Parkmöglichkeit am Beginn des Waales beim Wasserwerk) oder dem Linienbus zur Töll. Der Marlinger Waalweg läßt sich gut mit dem Marlinger Höhenweg zu einer Rundwanderung verbinden. Der Aufstieg zu diesem höher verlaufenden Wald- und Höfeweg ist gut ausgeschildert und führt auch wieder zum Waalweg zurück.
Empfehlung: Von der Töll kommend biegt man nach etwa einem Kilometer rechts zum Höhenweg hinauf und steigt bei Schloß Lebenberg wieder zum Waalweg ab. Auch entlang des Höhenweges gibt es verschiedene Einkehrmöglichkeiten.
Gehzeit: 2 1/2 Std.

Törggelebetriebe im Burggrafenamt

Hofstätterhof (Tisens)

Hofstätterhof
Naraun 29, Tisens
I: Fam. Gassebner
☎ 0473/920767
B: Ostern bis Mitte Juni und von Mitte August bis 15. November.
Ö: ganztägig geöffnet, Dienstag Ruhetag.
Vormerkung ist möglich, aber nicht erforderlich, denn der Hofstätterhof gehört zu den versteckten und eher weniger bekannten Zielen der Gegend.

Dieser Bauernhof im Tisner Mittelgebirge liegt auf 800 Meter Seehöhe in bester Lage für das Gedeihen der bekannten Tisner Edelkastanie, aber nicht zu hoch für den Wein. Es ist ein Kleinbauer von typischer Struktur für diese Gegend: ruhig gelegen, mit angenehmem Ausblick auf das Etschtal, den Tschögglberg und hinauf nach Meran und Schenna.
Die Zufahrt mit dem Auto und auch für den Bus ist möglich und erfolgt von Lana Richtung Gampenpaß, bei der Abzweigung nach Tisens noch gute 500 Meter Richtung Gampenpaß, dann rechts ab (Schild), und in zwei Minuten erreicht man den Parkplatz.
Dieser Einzelhof ist ein ideales Wanderziel für Rundwanderungen im Mittelgebirge, am besten unter Einschluß des aussichtsreichen Kirchhügels von St. Hippolyt. Siehe dazu den Wandervorschlag Nr. 2. In den ausgebauten Wirtschaftsräumen gibt es Sitzgelegenheit für 90 Personen an rustikalen Tischen, aufgeteilt auf zwei Räumlichkeiten. Weitere 50 Sitzplätze – inklusive Ruhe und Aussicht – bietet der Vorgarten.
Die Eigenbauweine: einmal ein goldgelber Burgunder, der Rot-

Bekannt für seine guten Tropfen ist das Weindorf Nals östlich unter dem Mendelkamm.

wein ist ein gemischter Bauernwein (Vernatsch und Portugieser). Hausgemachte Säfte aus Äpfeln und Holunder werden ebenfalls angeboten.
Gerichte: Bauernspeck und Käse, Bauernkost von der Suppe und den Knödeln bis zu Kraut und Wurst verwöhnen den Gaumen. Eine Besonderheit sind die Vollkornomeletts.
Am Mittwoch immer Grillabend.

Bittnerhof (Nals)

In der Stube haben etwa 35 bis 40 Personen Platz, aber beim Bittner sitzt man vorwiegend im Freien, denn hierher kommt man auf Wandersfüßen und kehrt mittags oder nachmittags ein. Man sitzt vor dem Haus an rustikalen Tischen oder direkt unter den Obstbäumen in der Wiese.
Die Zufahrt erfolgt mit dem Pkw von Nals aus Richtung Sirmian. Bei der Schwanburg kann man links über eine schmale Straße direkt zum Hof fahren, oder man fährt rechts nach Sirmian, parkt kurz nach dem Schloß Payersberg und spaziert links durch den Graben zum Hof (eine Viertelstunde). Die Zufahrt mit dem Bus ist nicht möglich.
Für Wanderer empfehlen sich der Fußweg ab der Schwanburg oder die Rundwanderung (Vorschlag Nr. 3) von Andrian aus. Im Herbst sind hier auf dieser Talseite alle Wege schön, weil die Lär-

Bittnerhof
Pitzon 6, Nals
I: Fam. Mair
☎ 0471/678795
B: von 1. April bis 1. November (geschlossen vom 20. Juni bis Mitte Juli).
Ö: mittags und abends durchgehend, Tagesbetrieb; Dienstag Ruhetag.
Gasthof-Jausenstation; Vormerkung ist hier kaum möglich, für Gruppen ungeeignet.

chenbäume und die Buchen in leuchtenden Farben erstrahlen. Man sollte in dieser Jahreszeit allerdings schon am Vormittag starten, weil an den nun kürzeren Tagen hier die Sonne am Nachmittag schnell entschwindet.
Der Bittner ist ein alter Weinhof, der mustergültig renoviert wurde und viele eigene Produkte anbietet: Speck, Würste, Kastanien, Suser, Wein.
Der Weißburgunder ist Eigenbau, der Vernatsch kommt aus der bekannten Nalser Kellereigenossenschaft. Zu essen gibt es Brettljause, Gulasch, Braten, Käsenocken, Hauswurst mit Kraut und Rippelen sowie gebratene Kastanien.

Glögglhof (Lana)

Glögglhof
Raffeingasse, Lana
I: Fam. Walzl
☎ 0473/561785
B: von der Karwoche bis Mitte Juli und von Ende August bis Mitte November.
Ö: täglich von 17 bis 23 Uhr, am Samstag von 16 bis 23 Uhr, mittags also kein Betrieb; Montag Ruhetag.
Buschenschank; Vormerkung ist möglich, für Gruppen unbedingt notwendig.
Der Betrieb ist an Törggelefahrten mit Bussen nicht interessiert.

Der Bauernhof liegt in Oberlana am Südhang des Marlinger Berges und ist mit dem Pkw erreichbar, indem man in Oberlana Richtung Ulten und sofort rechts in die Raffeingasse abbiegt, rechts an der Vigiljoch-Seilbahn vorbei. Parkplatz ist vorhanden. Für Busse ist die Zufahrt nicht möglich, aber zu Fuß sind es vom Dorf nur 10 Min. bis zum Glögglhof hinauf.
Als Wanderziel besonders geeignet über den Marlinger Waalweg, siehe Wandervorschlag Nr. 8 – der Zugang zum Waalweg führt direkt am Hof vorbei. Es gibt 70 bis 80 Sitzplätze in einem großen Kellerraum und etwa 40 Plätze im Freien unter einer gemütlichen, schattigen Laube.
Der Kellerraum ist eigentlich die Ansetz des Hofes, also der Platz, an dem die Torggl (die Weinpresse) stand und wo die Gärfässer aufgereiht waren. Der Lagerkeller für den Wein befindet sich heute noch dahinter, in einem gewölbten 300 Jahre alten Keller, wie er so bei großen Weinhöfen üblich war. Im Gastraum des Kellers hat der Bauer eine Reihe von alten Geräten und Fässern sowie Originalteile der alten Torggl aufgestellt.
Der Wein ist hier Eigenbau, von der Produktion der Trauben über die Kelterung bis zur Lagerung.
An Weißweinen gibt es Chardonnay und Weißburgunder, der Rotwein ist ein Vernatsch und neuerdings auch ein Lagrein.
Hausgemacht sind der Holundersaft, der Sauerkirsch- und der Apfelsaft sowie der Speck, die Kaminwurzen und das Rindsgeselchte. Es gibt eine typische Törggelemarende mit den genannten Eigenprodukten und verschiedenen Käsesorten mit heißen Kartoffeln. Warmes am besten auf Vorbestellung: Gerstsuppe,

Schweinefleisch mit Kraut usw. Krapfen gibt es immer (Mohn-, Kastanien- und Marmeladekrapfen), gebratene Kastanien ab September (je nach Reife).

Der Ansitz Braunsberg, hoch über der Gaulschlucht gelegen, ist das Wahrzci chen von Lana.

Pfefferlechner (Lana)

Dieses große Bauerngehöft im Zentrum von Lana verfügt über gut 120 Sitzplätze in zwei Stuben, einem Keller und einer Laube. Die Laube kann überdacht und beheizt werden, deshalb sitzt man hier auch im Spätherbst quasi im Freien. Dieser Törggelehof wird auch von den Einheimischen stark besucht.
Zufahrt ist mit dem Pkw und dem Bus möglich, Parkplatz ist vorhanden. Der Pfefferlechner liegt an keinem Wanderweg, doch läßt sich der Vorschlag Nr. 8 gut mit einen Spaziergang zum Hof verbinden.
Der Hof ist sehr alt und dürfte zu den ältesten urkundlich erwähnten Gehöften der Gegend zählen. Bereits ins 12. Jahrhundert reichen die Aufzeichnungen zurück, und der Wirt hat sich die Mühe gemacht, eine Chronik zu verfassen, die der Speisekarte beiliegt.

Pfefferlechner
St.-Martin-Straße 4, Lana
I: Martin Laimer,
☎ 0473/562521
B: März bis Ende November.
Ö: 17 bis 24 Uhr, Mittwoch Ruhetag.
Vormerkung ist möglich; für Gruppen auch unbedingt notwendig.

Der Eigenbauwein ist ein Bauernwein aus Vernatsch- und Blauburgundertrauben. Der Weißwein stammt aus der Kellerei. Natürlich gibt es hausgemachten Apfelsaft, wie könnte es auch anders sein im größten Obstdorf Südtirols.
Gerichte: Es gibt eine reichlich garnierte Kalte Platte mit warmen Kartoffeln dazu. Käseknödel und Speckknödel sind der Stolz der Köchin. Im Herbst gibt es die Schlachtplatte und Rippelen. Nachtisch: Kaiserschmarrn und Strauben. Außer dem Wein und dem Apfelsaft ist auch der Speck hausgemacht, und ab Oktober gibt es gebratene Kastanien aus Tisens.

Brandiskeller (Lana)

Brandiskeller
Brandisweg, Lana
I: Bruno Buratti
☎ 0473/561303
B: von 1. April bis Ende Oktober, an den Wochenenden bis Mitte November.
Ö: von 15 bis 23 Uhr, Sonntag Ruhetag, ab September kein Ruhetag.
Vormerkung ist nur für Gruppen notwendig.

In den drei gewölbten Kellerräumen finden 150 Personen Platz, im Freien stehen große Tische für etwa 80 Personen. Der Betrieb ist in den Kellerräumen des Schlosses Brandis in Niederlana untergebracht.
Die Zufahrt erfolgt dort bergseitig und ist ausgeschildert. Für Busse ist die Zufahrt wegen einer schmalen Brücke schwierig, aber von der Parkmöglichkeit sind es nur fünf Minuten zu Fuß.
Für die gemütlichen Wanderer empfiehlt sich der Brandis-Waalweg, den man von der Gampenstraße (bald nach deren Beginn) in Oberlana bis Brandis laufen und dann als Wanderung bis zur Leonburg hinauf fortsetzen kann.
Die Ruine Brandis war das Stammschloß der Grafen Brandis, der »Herren von Lana«. 1807 stürzte der Burgfried ein und man baute sich ein neues Schloß auf der Anhöhe. Die heutigen Besitzer sind direkte Nachkommen des Geschlechts, deshalb ist die Burg seit 800 Jahren in Familienbesitz.
Der Weißwein ist ein Gewürztraminer, der Rotwein ein Vernatsch und Lagrein. Der Weiße ist auch bekannt als »Brandiser Kamillentee«: Der Erzählung nach wurde dieser beliebte Wein auch von den Feuerwehrleuten im Dienst getrunken. Als dies aber untersagt wurde, soll man das Getränk kurzerhand umgetauft haben.
Beim Brandiser Keller kehrt man zur Marende ein, und dazu gibt es: ein Brettl mit Speck und allem was dazugehört, heiße Kartoffeln oder Pellkartoffeln mit Gorgonzola. Warme Gerichte: Nudelpfanndl, Herrengröstl, Kalb- und Rindfleisch sauer, gebratener Bauernschinken im Heißluftofen und im Herbst Schlachtplatte mit Kraut, Krapfen und Kastanien.

Blick vom Tisner Mittelgebirge auf das Etschtal mit Terlan sowie auf Bozen (ganz rechts) und die »bleichen Gipfel« der Dolomiten.

Saxiller Keller (Prissian)

In zwei rustikalen Kellerräumen des Bauernhofes stehen 60 Sitzplätze zur Verfügung und im Garten weitere 30.
Der Hof steht auf 650 Metern Höhe in Prissian, einem Dorf auf der Tisner Mittelgebirgsterrasse, die bereits den ersten adeligen Siedlern ins Auge gefallen ist. Die Schlösser und Burgen – Fahlburg, Wehrburg, Zwingenburg und Katzenzungen – sind ein Beweis dafür (beim letzteren ist übrigens die größte Weinrebe Südtirols zu bewundern).
Die Zufahrt zum Hof erfolgt, wenn man von Nals kommt, vor der Dorfeinfahrt links in den Grissianer Weg. Auch für Busse ist die Zufahrt möglich, Parkplatz ist vorhanden. Von der Hauptstraße ist es ein Kilometer bis zum Hof.
Dem Wanderer stehen in dieser Gegend viele Spazierwege offen. Einer davon führt hinauf nach Grissian zum Hügelkirchlein St. Jakob mit seinen interessanten Fresken. Die vielen Hügelkirchlein sind ein besonderer Reiz dieser Gegend, und es empfiehlt sich, diesen Spazierweg als Rundwanderung auszubauen: durch den Waldweg hinüber nach St. Apollonia (Hügelkirche) und auf der Straße und teils auf dem Steig hinunter nach Sirmian; dort links über den Schmiedlhof zurück nach Prissian.
Der Saxiller keltert einen Vernatschwein, der Weißwein stammt aus der Kellerei in Nals.

Saxiller Keller
Prissian 32, Tisens-Prissian
I: Fam. Matscher
☎ 0473/920723
B: von Ostern bis Allerheiligen.
Ö: von Mittag bis 23 Uhr durchgehend; Montag Ruhetag.
Bauernbuschen; Vormerkung ist nur für Gruppen notwendig.

Schloß Lebenberg erhebt sich über die Weinberge der Burggräfler Gemeinde Tscherms.

Zu essen gibt es eine Brettlmarende mit dem hauseigenen Speck und Kaminwurzen, Schweinernes mit Kraut, Hauswurst, Knödel, Omeletten, gebratene Kastanien und Suser.

Heidenhof (Tscherms)

Heidenhof
Lebenbergstr. 17,
Tscherms
I: Fam. Pichler-Erb
☎ 0473/562392
Gasthaus, geöffnet vom 1. April bis Mitte November.
Ö: mittags und abends durchgehend bis 20 Uhr; Samstag Ruhetag, im Herbst kein Ruhetag.
Vormerkung ist möglich, für Gruppen erwünscht.

Der Hof liegt am Marlinger Berg oberhalb von Tscherms, etwa auf der Höhe von Schloß Lebenberg. 80 Sitzplätze stehen in einer großen und in einer kleinen Stube mit viel Holz zur Verfügung, und weitere 100 Plätze im aussichtsreichen Vorgarten mit einer entsprechenden Weinlaube.
Die Zufahrt erfolgt über Basling Richtung Lebenberg, aber man parkt das Auto am besten in der Nähe des Waalweges, folgt der Wanderempfehlung Nr. 8 und verbindet alles zusammen mit einen lohnenden Besuch auf Schloß Lebenberg. Die Zufahrt zum Heidenhof ist mit dem Bus nicht möglich, ab Basling sind es zu Fuß etwa 40 Minuten.
Der Bauer keltert selbst sieben Sorten Eigenbauweine – das ist Rekord. Leider sind die Weißweine im Herbst für den Genuß noch zu jung, sonst könnte man hier eine Sortenverkostung inszenieren. Weißweine: Kerner, Pfefferer, Gewürztraminer, Muskateller. Rotweine: Blauburgunder, Grauvernatsch, Merlot.
Aus eigener Herstellung sind hier auch der Speck, das Vinschger Bauernbrot, die Kastanien und der Suser. An Gerichten werden

angeboten: Marendbrettl, Bauernplatte mit Schweinefleisch, gebratene Rippelen, Speckknödel, Hauswurst, Leber mit Zwiebel, Apfelstrudel.

Kienegger (Algund)

Der Bauernhof liegt am Sonnenhang der Texelgruppe, 200 Meter oberhalb von Vellau in warmer sonniger Lage, ist ganzjährig als Wanderziel geeignet und verfügt über eine kleine, aber sehr gemütliche Stube mit 20 Sitzplätzen; im Gastlokal finden weitere 30 Personen Platz. Eine kleine Terrasse bietet einen herrlichen Blick auf den Meraner Talkessel.

Zu erreichen ist der Hof über die Straße von Algund oder von der Töll nach Vellau; Parkplatz für Busse. Vom Parkplatz in 30 Minuten Gehzeit auf verkehrsfreier Straße bzw. auf Waldweg.

Der Bauernhof befindet sich in einer geschichtsträchtigen Gegend. Bronzezeitliche Siedlungsstätten dort sowie in der Umgebung (siehe Wandervorschlag Nr. 6) zeugen davon. Am Südhang der Texelgruppe findet man verbreitet Wallburgen, Schalen- und Kreuzsteine. Alte Totenwege und hochalpine Übergänge gestalteten Urwege in der gesamten Gegend (Dorf Tirol, Thurnstein, Partschins).

Die Eigenbauweine (weiß und rot) stammen von Weingütern unterhalb von Vellau, auch Sortenweine der Meraner Gegend werden ausgeschenkt.

Kalte Speisen: Bauernspeck, Käse und Kaminwurzen. Warme Speisen: Rippelen mit Kraut und Knödel, Hauswurst. Besonders zu empfehlen sind der Graukäse, die Käseknödel, Krapfen und hausgemachten Torten. Ab Oktober gibt es gebratene Kastanien.

Kienegger
Vellau Nr. 15, Algund
I: Fam. Schmieder
☎ 0473/48538
B: ganzjährig geöffnet, Montag Ruhetag.
Anmeldung nur für Gruppen möglich.

Leiter am Waal (Algund-Plars)

In den drei kleinen Stuben, von denen zwei getäfelt sind, haben 50 Personen Platz, im Freien an großen Tischen etwa 75.

Die Zufahrt ist mit dem Pkw über Plars (oberhalb Algund) möglich; für Busse ungeeignet.

Der Leiter liegt am Plarser Waalweg. Die Fortsetzung wird als Algunder Waalweg bezeichnet, es handelt sich jedoch immer um denselben Waal; er wird auf der Töll von der Etsch »eingekehrt« und verläuft über Plars und Algund bis nach Gratsch. Es ist der älteste im Land, urkundlich 1333 erwähnt, und auch der schönste

Leiter am Waal
Algund-Plars
I: Fam. Hafner
Tel: 0473/778716
B: von Februar bis Ende November; Ferien in der ersten Julihälfte.
Ö: mittags und abends; Ruhetag: Montag ab 15 Uhr und Dienstag ganztägig.
Gasthaus; Vormerkung möglich. Für Gruppen ungeeignet.

Waalweg. Im Sommer ist der Weg zum Wandern zu heiß, in den übrigen drei Jahreszeiten gehört er zu den sonnigsten Spazierwegen des Burggrafenamtes (siehe auch Wandervorschlag Nr. 7).
Das Wohnhaus der Familie Hafner und das Gasthaus stehen auf sehr alten Grundmauern; in ersterem wurden beim Umbau Mauerreste mit der Jahreszahl 1333 entdeckt, und am jetzigen Gasthaus kam ebenfalls ein datierter Stein zum Vorschein (links neben dem Aufgang). Im Vorgarten sitzt man unter einer herrlichen Weinlaube, hier kann man auch an warmen Herbstabenden im Freien sitzen, und im Sommer ist es angenehm schattig.
Der Leiterbauer pflegt einen sehr guten Eigenbauwein: Der Weißburgunder und der Grauvernatsch werden als offene Weine ausgeschenkt, der in kleineren Mengen angebaute »Fraueler« und der Bauernlagrein werden nur in 7/10-Liter-Flaschen aufgetischt. Dazu ißt man zur Marende am besten einen hausgemachten Schinken mit scharfem Kren (Meerrettich), Speck oder Käse. Warme Gerichte: Käseknödel, Schlutzkrapfen und Topfennocken bekommt man abends auch als Tris. Wer sich mittags nicht entscheiden kann, dem seien die Käseknödel empfohlen. Im Herbst gibt es gesurte Rippelen, Hauswürste etc. Von der internationalen Küche, die ebenfalls geboten wird, ist die frisch geräucherte Forelle zu empfehlen. Zudem gibt es hausgemachte Torten und im Herbst Kastanienkrapfen.

Köstenwaldele (Algund-Plars)

Köstenwaldele
Algund-Oberplars
I: Fam. Gamper
☎ 0473/448374
B: vom 1. April bis 5. November.
Ö: mittags und abends durchgehend, Donnerstag Ruhetag.
Gasthaus; Vormerkung für Gruppen notwendig.

Der Betrieb bietet 100 Sitzplätze in drei Räumen und 50 auf der Terrasse. Es sind dies: zwei Stuben mit 25 und 40 Plätzen in rustikalem Natursteingemäuer und ein Speisesaal.
Die Zufahrt erfolgt von Algund nach Oberplars Richtung Vellau (mit dem Bus problematisch). 200 Meter nach der Kirche in Oberplars geht es links ab zum »Köstenwaldele«, das, wie der Name schon sagt, inmitten eines Kastanienhaines liegt.
Der Betrieb liegt am Wanderweg, der Partschins mit Plars und dem Waalweg verbindet. Man findet hier im Herbst eine Unmenge an Wandermöglichkeiten, und das Köstenwaldele liegt mitten drin.
Der Bauer hat selbst keinen Eigenbauwein, auf Vorbestellung gibt es den vom Weinhof des Bruders. Der offene Wein ist ein Burggräfler von der Marlinger Kellerei. Im Herbst wird auch Suser und neuer Wein angeboten – und natürlich Kastanien, wie

Wer gern törggelet, muß vorausdenken – an den Plarser Waalweg beispielsweise, der mit seinen nur geringen Höhenunterschieden wie geschaffen ist für einen kleinen Verdauungsspaziergang.

könnte es hier auch anders sein, die fallen dem Besucher ja förmlich auf den Kopf. Es gibt auch hausgemachten Apfelsaft. Zu empfehlen sind der Tiroler Teller, der Bauernteller mit Kassler, Würstchen, gegrillte Schnitzel oder die herbstliche Schlachtplatte mit Selchkarree. Außer Käsenocken und Spinatspatzeln sind besonders die Vollkornravioli, mit Zucchini oder Pilzen gefüllt, zu erwähnen. In diesem Betrieb ist auch die feine Küche zu Hause, von Forellen bis Wildspezialitäten.

Untergandlkeller (Algund-Forst)

Untergandlkeller
Brauhausstr. 21
Algund-Forst
I: Fam. Stocker
☎ 0473/449910
B: ganzjährig geöffnet; Törggelezeit von Ende September bis Allerheiligen.
Ö: durchgehend von 10 bis 24 Uhr; Montag Ruhetag.
Gasthaus-Jausenstation; Vormerkung ist möglich und für Gruppen auch notwendig.

Der Bauernhof mit Gasthaus liegt in der Fraktion Forst, also dort, wo in Südtirol das meiste Bier gebrannt wird (Brauerei Forst). Er liegt etwas abseits und ist mit dem Pkw über die Brauhausstraße erreichbar: von Meran Richtung Vinschgau rechte Einfahrt zwischen Schloß Vorst und dem Brauereigebäude.
Es stehen 40 Sitzplätze in einer getäfelten rustikalen Kellerstube zur Verfügung. Weitere 100 Personen finden im Freien unterm Nußbaum oder unter den Wein- und Kiwilauben Platz. Mit dem Bus kommt man nicht besonders gut hin; am besten parkt man ihn auf der Höhe der Brauerei und geht zu Fuß in 10 Minuten zum Hof hinauf.
Als Wanderziel wird dieser Hof nicht angepeilt, obwohl man ihn mit einer Waalwanderung verbinden bzw. auf Spaziergängen,

vom Dorf Algund über die Fußgängerbrücke kommend, erreichen kann. Man kann von hier zum Marlinger Waalweg aufsteigen, der auf der Töll beginnt, oder von Marling kommend hier absteigen (siehe dazu Vorschlag Nr. 8).
Es gibt an Eigenbauweinen Kerner, Müller-Thurgau, Vernatsch und einen weißen Malvasier.
Essen: Törggeleteller mit Speck, Käse und Kaminwurzen sowie heißen Pellkartoffeln, weiters Geräuchertes mit Kraut, Rippelen, Knödel (am besten, man ißt das Tris mit Spinat-, Speck- und Käseknödeln), Bauerngröstl (mit Kartoffeln und Grillfleisch).
Der Bauer ist ein anerkannter und prämierter Schnapsbrenner, deshalb ist hier zum Abschluß das Hochprozentige geradezu Pflicht: Marillen-, Williams-, Zwetschgenschnäpse und als Besonderheit, getrennt nach Apfelsorten, die Obstler und ein Sanddornschnaps.

Thurnerkeller (Dorf Tirol)

Thurnerkeller
Zenobergstr. 14,
Dorf Tirol
I: A. Verdorfer
☎ 0473/234864
B: Das Gasthaus öffnet eine Woche vor Ostern bis 10. November.
Ö: Nachmittags- und Abendbetrieb von 18 bis 24 Uhr; im Oktober ab 16 Uhr offen; Montag Ruhetag.
Vormerkung ist möglich; für Gruppen ungeeignet.

45 Sitzplätze in zwei Kellerräumen und weitere 15 Plätze stehen im Freien zur Verfügung. Das Besondere an den Räumlichkeiten ist, daß sie zur Gänze aus den Felsen gehauen sind, auf denen der Bauernhof steht.
Der Hof liegt nur 50 Meter oberhalb des Tappeinerweges, ein Weinbauernhof mit Eigenbau, der in nur 10 Minuten Fußwegs vom Pfarrplatz in Meran erreichbar ist. Die Zufahrt mit dem Pkw erfolgt auf der Straße nach Dorf Tirol, Abzweigung Zenoberg; dort muß das Auto stehen bleiben. Hier können auch Busse halten, aber nicht parken.
Der Eigenbau ist hier natürlich ein Vernatsch, also ein klassischer Küchelberger. Der Weißburgunder und der Goldmuskateller stammen aus der Meraner Kellerei.
Zu essen gibt es eine Tiroler Marende, Gulaschsuppe, Pellkartoffeln und Gorgonzola, Wurstsalat, Hauswurst aus eigener Herstellung mit Kraut und hervorragende Krapfen, mit Kastanien und Mohn gefüllt. Gebratene Kastanien und Suser ab Oktober.

Sandgruberhof (Dorf Tirol)

Der Hof bietet im ebenerdigen Keller 80 Sitzplätze in drei Räumlichkeiten. Im Freien finden unter Kirsch- und Nußbäumen weitere 80 Personen an rustikalen Tischen Platz.

Der Hof liegt am Weg von Dorf Tirol nach Schloß Tirol und ist weder mit dem Pkw noch mit dem Bus erreichbar – für beide stehen Parkplätze am Eingang der Ortschaft zur Verfügung.
In dieser begnadeten Gegend geht man sowieso am besten zu Fuß, um den Hauch von Geschichte und das Ambiente der mediterranen Landschaft einzuatmen. Natürlich ist man hier im Herbst nicht mehr so allein, wie das vielleicht Spitzweg war, als er die typische Kulisse des Sandgruberhofes und das dahinter liegende Schloß Tirol malte. Dieser Blick hat Abertausende fasziniert.
Der Hof wird schon im 11. Jahrhundert erwähnt. Am besten geht man vom Parkplatz links die Falkensteinpromenade entlang. Von dort eröffnet sich der klassische Blick auf die Brunnenburg, Schloß Tirol und dahinter St. Peter. Diese drei sollte man auch besuchen: in der Brunnenburg ist ein Museum mit alten landwirtschaftlichen Geräten zu besichtigen, das Stammschloß der Tiroler ist ein Muß und St. Peter gehört zu den ältesten Kirchlein des Burggrafenamtes.
Der Name des Hofes »Sandgruber« hat sicher mit der einst bestehenden Grube für die Entnahme von Bausand zu tun. Ob mit diesem Sand auch Schloß Tirol gebaut wurde? Auf Sand jedenfalls steht das Schloß, das haben die Erbauer wohl ob der herrlichen Lage übersehen – Teile des imposanten Bauwerks sind vor langer Zeit bereits in den Köstengraben gestürzt.
Der Eigenbauwein ist ein Vernatsch, der offene Weißwein ein Weißburgunder von der Meraner Kellerei. Zu essen gibt es Tiroler Marende, Gulaschsuppe, Gerstsuppe, Zwiebelkuchen, Krapfen, Apfelküchel; gebratene Kastanien ab Oktober.
Wer hier unter dem Nußbaum sitzt, ein Glas Wein auf dem Tisch, wird sich kaum einen schöneren Ausblick vorstellen können.

Sandgruberhof
Schloßweg 20, Dorf Tirol
I: Fam. Parth
☎ 0473/923513
B: geöffnet vom 20. März bis 20. November.
Ö: mittags und abends durchgehend; Montag Ruhetag, ab Oktober kein Ruhetag.
Gasthaus; Vormerkung ist nicht notwendig und im Oktober auch nicht möglich.

Hilberkeller (Kuens)

In den zwei ebenerdigen Kellerräumen des Hilberhofes finden 110 Personen und im Garten unter Lauben weitere 150 Platz. Es handelt sich um einen größeren und einen kleineren Raum mit rustikaler Einrichtung und vielen alten, bäuerlichen Arbeitsgeräten an den Wänden und an der Decke.
Die Zufahrt erfolgt von der Passeirer Straße links (von Meran kommend) zur Kirche hinauf und ist auch für Busse geeignet.

Hilberkeller
Kuenser Straße 9, Kuens
I: Paul Platino
☎ 0473/241017
B: Mitte März bis Ende November.
Ö: von 16 bis 24 Uhr durchgehend; Mittwoch Ruhetag.
Gasthaus; Vormerkung ist möglich, Gruppen sind willkommen.

Der Hof liegt direkt an der Kuenser Straße und hat zwei Parkplätze anzubieten.
Dem Wanderer sei hier eine Rundwanderung empfohlen, die von Dorf Tirol aus startet: Zum Tiroler Kreuz (Restaurant und Bushaltestelle), auf dem Weg Nr. 6 nach Langfall und dem Kuenser Waalweg entlang bis zum Mutlechner und weiter der Straße und teils den abkürzenden Steig entlang nach Kuens hinunter. (Oberhalb der Kirche kann man links dem Riffianer Waalweg folgen.) Der Hilberhof liegt unterhalb der Kirche. Vom Hof geht es wieder bergan, auf dem Steig »TK« durchs Fineletal hinüber zum Schloß Auer und im Aufstieg zurück zum Tiroler Kreuz.
Der Hilberkeller diente den Bischöfen von Freising zum Einkellern ihres Weines. Was diese mit Kuens zu tun haben, ist eine lange Geschichte, die ihren Ursprung beim hl. Korbinian hat, der als Bischof von Freising die Güter in Kuens ankaufte und später auch Wein anpflanzte, als er nach seiner Vertreibung aus Bayern hierher zog.
Am Hilberhof wird immer noch Wein gekeltert, auch wenn es sich für diese Gegend um ungewohnte Sorten handelt: Tokai und Merlot. Der Apfelsaft ist ebenfalls hausgemacht, und der Speck wird auf einem Bauernhof im Passeiertal geräuchert. Zu essen gibt es hier einen Marendeteller, verschiedene Käsesorten, Graukäse sauer, Kalbskopf und Grillspezialitäten: Hähnchen, Haxen, Rippelen.

Luferkeller (Riffian)

Luferkeller
Luferweg 1, Riffian
I: Fam. Windisch
☎ 0473/241071
B: von März bis Ende November.
Ö: mittags und abends durchgehend; Montag Ruhetag.
Gasthaus; Vormerkung ist möglich, Gruppen sind willkommen.

Der Luferhof steht als Einzelhof unterhalb des Dorfes Riffian, nahe dem Passerfluß. In zwei rustikalen Kellerräumen stehen 80 Sitzplätze zur Verfügung und auf der großen Terrasse noch einmal ebensoviele.
Die Zufahrt erfolgt mit dem Pkw, von Meran kommend, etwa einen halben Kilometer nach dem Dorfkern, rechts nach unten (Schild). Busse finden ihren Parkplatz im Dorf, und von dort ist es eine Viertelstunde zum Hof.
Für den Wanderer: Von Riffian hinunter zu den Passer-Sandwiesen und rechts dem Güterweg entlang zum Sportplatz, dann auf der Hängebrücke über die Passer und hinauf zum Maiser Waalweg. Zuletzt den breiten, schattigen Weg taleinwärts entlang bis zur Brücke und dort talauswärts zum Luferhof, hinauf zur Passeirer Straße und zurück ins Dorf.

Der Waalweg kann natürlich fortgesetzt werden: nordwärts bis Saltaus (Rückfahrt mit Bus), südwärts bis Obermais (Meran). Auch der Radweg Meran–St. Leonhard in Passeier, der dem Passerfluß folgt, führt am Luferhof vorbei.
Im Keller wird der Eigenbau des Luferhofes ausgeschenkt, ein Vernatsch; der Weißwein stammt von der Kellerei. Zum gemischten Jausenteller gibt es den selbstgeräucherten Speck, Graukäs am Brettl oder sauer. Warme Speisen: gegrillte Schweinshaxn, Hähnchen oder Rippelen, Hauswurst mit Kraut, Pellkartoffeln mit Käse, gebratene Kastanien und Suser sowie hausgemachter Apfelsaft.

Die Nase in der Sonne, die Füße in den Weinbergen – das ist Schenna, wie es seine Besucher bis spät in den Herbst hinein schätzen.

Moareben (Schenna)

In der getäfelten Bauernstube finden 50 Personen gemütlich Platz, während im Garten weitere 50 Sitzgelegenheiten angeboten werden.
Die Zufahrt mit dem Pkw erfolgt von Schenna aus über die Pichlerstraße, kurz vor dem Prünsterhof links abwärts. Für Busse gibt es an der Talstation Taser beim Pichlerhof begrenzte Parkmög-

Moareben
Pichlerstr. 28,
Schenna
I: Fam. Hofer
☎ 0473/945759
B: von April bis Mitte November.
Ö: mittags und abends durchgehend; Montag Ruhetag.
Gasthaus; Vormerkung ist nicht notwendig; für Gruppen nicht geeignet.

lichkeit; von dort sind es noch zehn Minuten zu Fuß bis zum Hof hinunter.

Für den Wanderer bieten sich viele Möglichkeiten: von Schenna aus über die Verdinser Straße und über Faltquint oder über den beschriebenen Waalweg von St. Georgen bis zum Prünsterhof und kurz hinab nach Moareben. Im Herbst sind auch die Wanderwege rund um Taser, Egger und Schnugger zu empfehlen – unter Einschluß der Taser-Seilbahn und anschließender Einkehr beim Moarebner.

Der Hof bietet als Eigenbauwein einen Müller-Thurgau, der offene Rotwein stammt von der Kellerei in Nals. Im Herbst gibt es auch einen hausgemachten Apfelsaft. Der Speck ist selbst geräuchert und eignet sich bestens für die Marende am Nachmittag. Bei den warmen Gerichten ißt man am besten, was die Bäuerin gerade gekocht hat: Kraut und Knödel mit Hauswurst, geselchtes Schweinefleisch mit Kraut und anschließend einen Apfelstrudel. Hier bekommt man auf Vorbestellung die eine oder andere Bauernkost, die nicht auf der Karte steht.

Wieslerhof (Burgstall)

Wieslerhof
Kirchweg 22,
Burgstall
I: Fam. M. Kofler
☎ 0473/291327
B: ganzjährig geöffnet.
Ö: mittags und abends; kein Ruhetag.
Vormerkung ist möglich, für Gruppen erwünscht.

Der Wieslerhof liegt in 550 Metern auf halber Höhe am Tschögglberg oberhalb von Burgstall und bietet auch »Urlaub auf dem Bauernhof«. Nicht weit entfernt davon liegt auf derselben Höhe der Hecherhof, aber dort heißt es Freiberg, weil der noch auf dem Gemeindegebiet der Stadt Meran liegt. Der Hof bietet in zwei kleinen Stuben Sitzgelegenheiten für 45 Personen und auf der Terrasse für weitere 20. Der Betrieb ist klein, aber gemütlich und eignet sich das ganze Jahr über als Einkehrstätte.

Der Hof ist mit dem Pkw von Burgstall aus erreichbar: Keine Zufahrt gibt es für Busse, die müssen in Burgstall parken. Von dort ist der Hof zu Fuß über den Weg Nr. 1 in etwa einer Stunde erreichbar. Vom Wiesler kann man der Markierung 1A folgend eine Rundwanderung zum Unterplatterhof und über den Hecher zurück nach Burgstall machen.

Die äußerst sonnige und warme Lage des Hofes und dazu das wärmende Vulkangestein Porphyr lassen hier einen vorzüglichen Eigenbauwein gedeihen, den der Bauer auch selbst keltert. Es gibt einen Müller-Thurgau sowie einen süffigen Vernatschwein, und sogar der dunkle Lagrein wächst auf dieser Höhe noch erstaunlich vollmundig.

Es gibt einen eigenen Pfirsichsaft, auch der Bauernspeck ist hausgemacht. Deshalb empfiehlt es sich, am Nachmittag am Wieslerhof eine zünftige Marende am Brettl zu genießen. Hier kann man auch im Spätherbst noch im Freien sitzen und sich von der Sonne wärmen lassen.
An warmen Gerichten gibt es: Hauswurst mit Kraut, Schweinefleisch und Speckknödel, Omeletten und Krapfen, auf Bestellung auch Braten.
Gebratene Kastanien gibt es ab Oktober, und sogar Feigen und Nüsse gedeihen am Wieslerhof.

Hecherhof (Meran)

Der Hof liegt in 570 Meter auf halber Höhe zwischen dem Etschtal und der Hochfläche des Tschögglberges. Es ist ein altes Bauerngehöft aus dem 16. Jahrhundert. Im Bauernhaus gibt es Sitzplätze für 100 Personen in zwei Stuben und weitere 100 Plätze auf einer großen sonnigen Terrasse.
Die Zufahrt mit dem Pkw ist von der Schenner-Umfahrungsstraße, Abzweigung Katzenstein, möglich. Ab dem Schloß Katzenstein wird die Straße sehr schmal, deshalb gibt es auch keine Zufahrt für Busse.
Am besten geht man zum Hecher zu Fuß: entweder über den Katzensteinweg in etwa einer Stunde ab der Bushaltestelle, Höhe Schießstand Mark. 1, aber auch von Burgstall aus in ungefähr derselben Gehzeit. Die Markierung 1 führt weiter bis nach Vöran, und man kann den Hecherhof in eine Rundwanderung einbauen unter Benützung der Seilbahn Burgstall–Vöran (siehe dazu Wandervorschlag Nr. 5).
Der Hof ist ein traditionelles Ausflugsziel am Freiberg, wo der Weißwein und der Rotwein noch vom Bauern gekeltert werden, zudem gibt es hauseigenen Apfel- und Johannisbeersaft.
An kalten Speisen wird eine typische Speckmarende serviert. Es gibt eine reichliche Auswahl an warmen Speisen: Bauernbraten, Schweinefleisch mit Kraut und Knödel, hausgemachte Kuchen und Krapfen und ab Ende September gebratene Kastanien.

Hecherhof
Katzensteinstr. 38,
Meran
I: Fam. Lex
☎ 0473/244086
B: ganzjährig geöffnet.
Ö: Gasthausbetrieb mittags und abends, kein Ruhetag. Vormerkung nur für Gruppen notwendig.

Zur folgenden Doppelseite: Landschafts-Bild einer Bilderbuchlandschaft. Hier, am Marlinger Berg, hat der Mensch eingegriffen, ohne zu zerstören: Jede noch so kleine Parzelle, die der Sonne entgegengerichtet ist, gehört wie selbstverständlich dem Wein.

Der Vinschgau

Der Vinschgau – wir sprechen hier vom unteren Abschnitt von der Töll westwärts, soweit die Rebe gedeiht – bietet einen ganz eigenen landschaftlichen Glanzpunkt: den Sonnenberg. Beginnend am Gigglberg oberhalb von Rabland erstreckt sich die Sonnenseite des von Osten nach Westen gerichteten Vinschgaus bis nach Schluderns. Der Sonnenberg ist niederschlagsarm, steil und durch einer eigenständigen Vegetation geprägt, ideal zum Wandern im Spätherbst und sogar im Winter.

Im Unterschied zu Eisacktal sind hier die Törggelebetriebe meist bäuerliche Jausenstationen, die im Spätherbst schließen, oder man sitzt in alten ehrwürdigen Kellern. Diese wiederum sind Zeitzeugen ehemaligen Reichtums, der von der Weinwirtschaft herrührt. Wieso waren früher die Weindörfer reich? Vielleicht war der Wein die einzige landwirtschaftliche Intensivkultur und deshalb ertragreicher, denn Obst gab es damals noch kaum. Sicher war um die Jahrhundertwende noch keine Überproduktion an Wein zu beklagen, ganz sicher aber ist, daß nach 1919, als Südtirol zu Italien kam, der Südtiroler Wein zu einer *quantité negligable* wurde, weil diese Provinz plötzlich zum größten Weinproduzenten der Welt gehörte.

Den Vinschgauer Sonnenberg muß man einfach durchstreifen, über alte Waalwege, durch Flaumeichenwälder hinauf zu den Höfen, die sich, Vogelnestern gleich, an den Berg klammern. Je höher man steigt, desto schöner wird der Ausblick auf die Gletscherberge des Ortlergebietes. Und schaut man in die andere Richtung, so geht der Blick bis zu den Dolomiten.

Von der Trockenheit des Vinschgaus war die Rede, ihre Auswirkungen sieht man und versteht plötzlich, wieso die Bauern große Mühe auf sich nahmen, um zur Sicherung ihrer Erträge das komplizierte, pflegeintensive und teure System der Waale (Bewässerungskanäle) zu bauen. So führen der Juval- und der Schnalswaal das Gletscherwasser aus dem Schnalstal über kilometerlange steile und oftmals in den Felsen gehauene oder hölzerne Wasserrinnen nach Tschars, Kastelbell und Naturns ins Etschtal. Die Instandhaltungswege entlang der Wassergräben gehören heute zu den beliebtesten Wanderwegen im Vinschgau und Burggrafenamt, und viele der Törggelehöfe liegen verlokkend in deren Nähe.

Im Sommer sollte man sich am Sonnenberg allerdings nur oberhalb der Waldgrenze bewegen, denn die nach Süden gerichteten Hänge sind zu heiß, als daß Wandern noch ein Vergnügen wäre.

Wandervorschlag Nr. 1: Kastelbell–Juval

Von der Ortsmitte in Kastelbell geht es nach Galsaun, der Straße entlang auswärts zum Ansitz Kasten. Ab hier folgen wir der Beschilderung Tschars.

Der Weg führt zwischen Kulturgütern, Wein und Obst einerseits und dem typischen Sonnenberger Buschwald andererseits, entlang bis unterhalb der Burg Juval. Oberhalb von Tschars trifft der Wanderweg auf die Höfestraße, der man nach oben folgt bis zum Schild »Tscharser Waal«. Dieser vielleicht schönste Waalweg im Vinschgau führt zusehends in eine immer trockenere Landschaft, so daß man sich plötzlich in einer Gegend wähnt, die an mediterrane oder griechische Landschaften erinnert.

Unterhalb Juval liegt am Waalweg eine Einkehrstätte (Sonnenhof), der Eigenbauwein und Kastanien bietet. Man kann dem Waalweg weiter folgen bis zur Zufahrtsstraße nach Juval und beim Schloßwirt einkehren (nur bis Anfang Oktober geöffnet) oder nach Staben absteigen und dort der Etsch entlang nach Kastelbell zurückkehren.

Gehzeit: für die gesamte Rundwanderung 3 1/2 Std.

St. Ägidius oberhalb von Kortsch. Hier, an den kargen Hängen des Vinschgauer Sonnenberges, haben auch die Reben so ihre Mühe – der aus ihren Trauben gekelterte Wein allerdings läßt sich davon nichts anmerken …

Das Törggelegebiet des mittleren Vinschgaus.

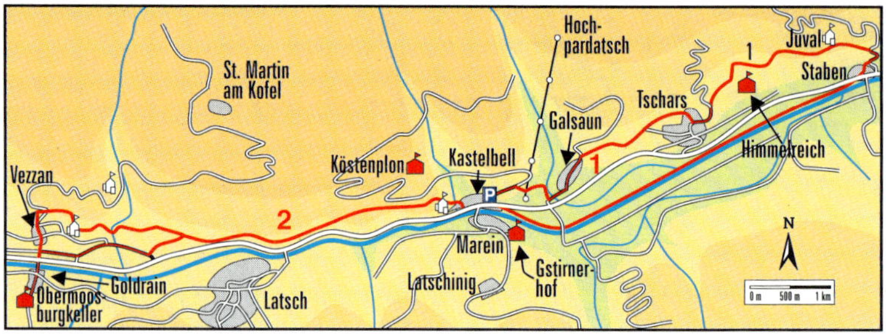

Wandervorschlag Nr. 2: Kastelbell–Goldrain

Von der Ortsmitte in Kastelbell halten wir uns Richtung Schloß, folgen der Beschilderung »Waalweg« und queren den Sonnenberg westwärts. Dieser Weg ist anfangs ein etwas ausgesetzt, wird aber im weiteren Verlauf breiter und schöner und führt nach Vezzan, von wo man auf der Straße (die Staatsstraße unterquerend) nach Goldrain gelangt. Dort folgt man kurz der Straße nach Morter (etwa 200 m) und gelangt zum Obermoosburgkeller.
Gehzeit: 2 Std.

Wandervorschlag Nr. 3: Panoramaweg Rabland–Naturns

Das Törggelegebiet des unteren Vinschgaus.

Ausgangspunkt dieser Wanderung ist in Rabland die Seilbahnstation Gigglberg. Auf dem Fahrweg geht es durch die Obstwiesen zum Gasthaus Winkler und über den ausgeschilderten Panoramaweg dem Vinschgauer Sonnenberg entlang. Die Wanderung verläuft bei ziemlich ebener Wegführung bis nach Naturns und läßt folgende Kombinationen zu:

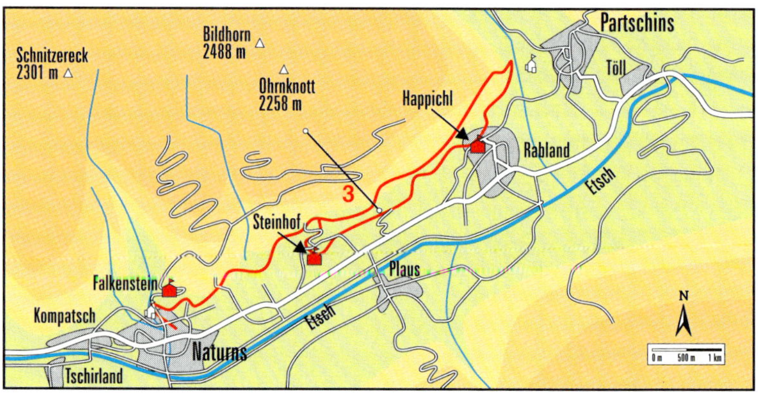

a) Abstieg nach Rabland nach einer etwa halbstündigen Wanderung bis zum Waalweg und auf diesem zurück zum Ausgangspunkt (Happichl, T).
b) Abstieg zum Steinhof (etwa 1 1/2 Std., T) und von dort zurück über die Güterwege nach Rabland.
c) Wanderung bis ins Dorfzentrum von Naturns und von dort mit dem Bus zurück nach Rabland. Diese Variante ermöglicht das Einkehren beim Falkensteiner (T) und beim Wiedenplatzerkeller.
Gehzeit: 3 Std.

Törggelebetriebe im Vinschgau

Steinhof (Naturns)

Es stehen 50 Sitzplätze in einem rustikalen Keller aus Natursteinmauern und ein Speisesaal zur Verfügung; weitere 20 Plätze gibt es auf der Terrasse.
Die Zufahrt mit dem Pkw erfolgt über den Steinweg, von Meran kommend biegt dieser nach dem Betrieb »Moserspeck« rechts von der Staatsstraße ab. Die Einfahrt für den Bus ist schwierig, stattdessen gibt es hinter dem vorgenannten Betrieb eine Parkmöglichkeit.
Der Hof liegt in der Fraktion Stein und gehört zu den ältesten Höfen der Gegend. Hier wird schon seit dem 9. Jahrhundert durchgehend gesiedelt und gewirtschaftet. Neueste Ausgrabungen bei der St.-Prokulus-Kirche beweisen, daß diese nicht nur die älteste Kirche des Landes ist, sondern auf viel älteren Siedlungsmauern steht.
Zu Fuß ist der Steinhof von Naturns oder Rabland über den Panoramaweg zu erreichen (siehe dazu Vorschlag Nr. 3); die Abzweigung zum Hof ist mit einem Schild angezeigt.
Der »Stoaner«, wie er hier genannt wird, ist ein echter Buschen, mit eigenem Wein, Speck, Kaminwurzen, Apfel- und Traubensaft und Kastanien.
Der Bauernwein ist aus Vernatsch- und ein wenig Lagreintrauben gekeltert.
Zu empfehlen ist nachmittags die Marende, eine Brettljause mit Produkten vom Hof. Warmes: Hauswurst mit Kraut, Knödel, Kaiserschmarrn, Apfelstrudel, Marmeladekrapfen.

Steinhof
Steinweg 10,
Naturns
I: Fam. Gölsch
☎ 04 73/66 74 51
B: von Anfang April bis Ende Mai und von September bis Ende November.
Ö: durchgehend geöffnet, kein Ruhetag.
Bauernbuschen; Vormerkung ist für Gruppen notwendig.

Die heißen und trokkenen Hänge des Vinschgauer Sonnenberges eignen sich vor allem im Frühjahr und im Herbst für ausgedehnte Spaziergänge. Im Bild Schloß Hochnaturns.

Falkenstein (Naturns)

Der Falkensteinhof liegt auf 600 Metern Höhe oberhalb von Naturns am Sonnenberg. 35 Sitzplätze im Bauernhaus, aufgeteilt auf eine ältere, getäfelte Stube und zwei neu eingerichtete Stuben. Auf der Terrasse gibt es für weitere 20 Personen Sitzgelegenheit.

Der Hof ist auf der Zufahrtsstraße zu den Sonnenberghöfen mit dem Pkw erreichbar. Die Straße beginnt im Ortszentrum von Naturns. Von ihr biegt man, von Meran kommend, rechts ab. Mit Bussen ist der Hof nicht erreichbar.

Von Naturns sind es zu Fuß bis zum Hof etwa 20 Minuten zu gehen. Der Wanderer kann im Herbst am Sonnenberg unter mehreren Möglichkeiten wählen: Hoch oben führt der Meraner Höhenweg Nr. 24 vorbei. Man erreicht ihn am besten mit der Personenseilbahn nach Unterstell (Talstation in Kompatsch neben dem E-Werk), wandert bis zum Gruber und steigt dort über den Weg Nr. 6 ab.

Eine andere empfehlenswerte Rundwanderung ist der Wallburgweg, der als solcher ausgeschildert ist. Er führt am Falkensteiner vorbei, und man kann ihn auch im Ortsteil Kompatsch beginnen. Die Kombination mit dem alten Waalweg (der Waal ist leider durch Rohre ersetzt worden) gehört zu den schönsten Wanderungen am unteren Sonnenberg.

Falkenstein
Schloßweg 15,
Naturns
I: Fam. Pratzner
☎ 0473/87321
B: ganzjährig geöffnet.
Ö: mittags und abends; Montag Ruhetag.
Gasthaus; Vormerkung ist möglich, an Wochenenden notwendig.

Der Bauer füllt den Eigenbau selbst in 7/10-Liter-Flaschen ab: Gewürztraminer und Blauburgunder; der Vernatsch wird offen aufgeschenkt.
Hausgemacht sind Apfelsaft, Speck, frische Würste und Kaminwurzen. Zur Marende empfiehlt sich das gemischte Brettl. Im Herbst wird Schlachtplatte mit Rippelen und frischen Würsten serviert, Wildgerichte gibt es auf Voranmeldung. Außerdem gehören eine große Auswahl an Nudelgerichten, Krapfen und Kastanien auch hier zur Tradition eines gemütlichen Törggeleabends.

Happichlhof (Rabland)

Ein großer Gastraum mit Holzdecke bietet über 60 Personen an 10 Tischen Platz, und im Freien gibt es eine Terrasse für ebensoviele Gäste.
Der Gasthof liegt am westlichen Ende von Rabland. Von Meran kommend biegt man bei der einzigen Kreuzung im Dorf Rabland rechts von der Hauptstraße ab und hält sich dann links. Am Fuß des Sonnenbergs beginnen die Wanderwege und kleinen Seilbahnen zu den Berghöfen am Gigglberg. Vom Hof aus kann man auch direkt zum Panoramaweg aufsteigen (siehe Vorschlag Nr. 3).
Der Happichlhof stammt aus dem 13. Jahrhundert. Der Bauer keltert einen Weißburgunder und einen Vernatschwein. Hausgemacht sind auch der Apfelsaft, der Speck, die Kaminwurzen. Deshalb ist zur Marende die Brettljause zu empfehlen.
Im Herbst gibt es Gerstsuppe, Speck- und Leberknödel, Käseknödel, Bauernschmaus mit Kraut und Hauswurst; auf Vorbestellung Rippelen, gebratene Kastanien.

Happichlhof
Geroldstr. 35,
Partschins-Rabland
I: Fam. Frei
☎ 0473/967438
B: März bis Ende Oktober.
Ö: mittags und abends, Montag Ruhetag.
Gasthof; Vormerkung nur für Gruppen möglich.

Himmelreich (Tschars)

Das Gasthaus auf 640 Metern verfügt über 60 Sitzplätze in drei Stuben und weitere 60 auf einer schattigen Terrasse unter einer herrlichen Weinrebe, ideal für warme Sommerabende; im Herbst ist es meistens zu kühl.
Der Hof ist mit dem Auto über das sonnige Vinschgauer Dorf Tschars erreichbar, man fährt durch den Ort und findet dort die Beschilderung. Für Busse gibt es keine Zufahrt, aber einen Parkplatz am Dorfeingang.

Himmelreich
Tschars, Kastelbell-Tschars
I: Fam. Rungg
☎ 0473/624109
B: März bis 20. November.
Ö: mittags und abends; Montag Ruhetag.
Vormerkung ist nur für Gruppen notwendig.

Der Himmelreicher liegt außerhalb, am Sonnenberg, und ist zu Fuß über einen Güterweg zu erreichen. Man kann über Himmelreich zum Waal aufsteigen oder eine Wanderung gemäß Vorschlag Nr. 1 unternehmen und von dort zum Gasthaus absteigen. Die Beschilderung ist gut sichtbar.
Das Bauerngehöft samt Weinbergen gehörte einst dem Kartäuserkloster in Schnals. Die Patres bewirtschafteten selbst das Weingut, dem sie den Namen Himmelreich gaben. Die Namensgebung ist verständlich, wenn man sich vorstellt, wie Kartäusermönche früher lebten und in welch kleinen und kalten Zellen sie meditierten und beteten: An den Sonnenberg ins Weingut ziehen und im Herbst die Trauben keltern, mußte sie wohl paradiesisch gestimmt haben.
Der Himmelreichbauer hat auch heute noch seinen Eigenbau: Vernatsch und Blauburgunder. An Eßbarem gibt es Speck und Käse und zur Törggelezeit Schlachtplatte mit Würsten und allem, was dazugehört. Hier sind auch Wildgerichte zu empfehlen. Das Gasthaus hat eine reichhaltige Speisekarte, aber leider gibt es hier keine gebratenen Kastanien.

Gstirnerhof (Kastelbell)

Gstirnerhof
Sineidweg 5, Marein, Kastelbell-Tschars
I: Fam. Gstirner
☎ 0473/624032 (auch Fax).
B: ganzjährig geöffnet, Mittwoch Ruhetag.
Ö: mittags und abends.
Törggelekeller; Vormerkung für Gruppen notwendig.

Der große Bauernhof liegt inmitten der Obstwiesen im Ortsteil Marein, der sich orographisch rechtsseitig der Etsch erstreckt. Es gibt etwa 50 Sitzplätze in zwei getrennten Kellerräumen des Hofes und weitere 20 im Freien.
Die Zufahrt mit Pkw und Bus erfolgt über die Brücke, die beide Ortsteile verbindet; Parkmöglichkeiten sind vorhanden. Dem Hof angeschlossen ist eine Ferienpension mit Schwimmbad und Liegewiese.
Der Hof ist auch auf dem Vinschgauer Fahrradweg gut erreichbar, der von der Töll ab aufwärts das ganze Tal durchläuft und sich mehr oder weniger der Etsch entlang und durch die Obstwiesen schlängelt. Dieser Hof ist als Törggeleziel ideal und kombinierbar mit den Waalwegen, die in den Wanderempfehlungen Nr. 1 und Nr. 2 beschrieben sind.
Der Wein ist ein Vinschgauer Eigenbau aus Grauvernatsch, Lagrein und Blauburgunder. Es gibt nur Rotwein. Aus der Eigenproduktion stammen auch der Apfel- und Holundersaft.
Dieser Keller ist gut für eine typische Törggelejause mit hausgemachtem Speck und Vinschger Brot. Aber es gibt auch allerlei

warme Gerichte, von den Käseknödeln bis zur Hauswurst. Die Krapfen sind von der feinen Art, die Fülle besteht aus Kastanien und Mohn.
Außerdem gibt es Unterhaltung durch die hauseigene Musik.

Dies ist nicht gerade das Bild einer intensiven landwirtschaftlichen Nutzung. Im Mittelvinschgau ist die Obergrenze des Südtiroler Weinbaus, und dennoch hat der »Vezzaner«, der hier nahe Schlanders gedeiht, einen vorzüglichen Ruf unter Weinkennern.

Köstenplon (Kastelbell)

In den zwei Stuben dieses Bauernbuschen auf 800 Metern stehen etwa 40 Sitzplätze zur Verfügung. Die Stuben sind getäfelt, eine mit alter Täfelung, die andere mit neuer.
Der Hof liegt etwa zweieinhalb Kilometer oberhalb des Mittelvinschgauer Ortes Kastelbell, am Sonnenberg. Nimmt man die Zufahrtsstraße zum Trumsberg (so heißt hier der Abschnitt des Sonnenberges), so ist der Köstenploner der erste Hof auf der linken Straßenseite.
Zu Fuß erreicht man den Hof von Kastelbell aus auf dem Weg Nr. 8, der weiter nach Trumsberg bzw. bei Platz links nach St. Martin am Kofel weiterführt. Zudem bietet sich eine Rundwandermöglichkeit: von Latsch mit der Seilbahn nach St. Martin, Abstieg über Köstenplon Richtung Kastelbell und am Latschan-

Köstenplon
Trumsberg 1,
Kastelbell
I: Fam. Alber
☎ 0473/624570
B: von 15. Oktober bis 15. April.
Ö: mittags Essen nur auf Bestellung. Nachmittags- und Abendbetrieb; Dienstag Ruhetag
Im Herbst ist am Abend die Vormerkung ratsam.

derwaal zurück zur Seilbahnstation. Siehe auch Wandervorschläge im Vinschgau. Die Wandermöglichkeiten sind in diesem Abschnitt des Sonnenberges vielfältig und besonders im Spätherbst bis in den Winter hinein geeignet. Größere Höhendifferenzen kann man auch mit der genannten Seilbahn bewältigen.
Der Köstenploner hat Eigenbauweine: Müller-Thurgau und einen roten Bauernwein mit Vernatsch, Blauburgunder und Lagrein. Die Weinhänge liegen ein bißchen tiefer, erreichen aber doch die 700-Meter-Marke, im Vinschgau die Obergrenze.
Es gibt hausgemachten Apfel-, Johannisbeer- und Pfirsichsaft, eigenen Speck und Kaminwurzen und die hofeigenen Kastanien.
Am Nachmittag empfiehlt sich hier eine Vinschger Marende mit Speck, Wurst, Käse. Im Herbst gibt es Bauernschmaus mit Wurst, Knödel, Kraut und geselchtem Schweinefleisch. Krapfen und Kastanien dürfen hier ebenfalls nicht fehlen.

Obermoosburgkeller (Goldrain)

Obermoosburgkeller
Schanzenstr. 23,
Goldrain, Latsch
I: Fam. Perfler
☎ 0473/742139
B: ganzjährig geöffnet (außer Jänner).
Ö: mittags und von 16 bis 1 Uhr nachts; Dienstag Ruhetag.
Gasthaus; Vormerkung ist für Gruppen erwünscht.

Im ersten Stockwerk stehen zwei Stuben mit jeweils 40 und 20 Sitzplätzen zur Verfügung. Eine Stube ist getäfelt, die andere rustikal verputzt. Im Garten sind weitere 40 Sitzgelegenheiten. Der alte, ausgebaute Keller bietet in zwei Räumen 80 Personen Platz.
Parkplatz für Pkw und Bus sind vorhanden. Das burgähnliche Anwesen liegt direkt an der Straße von Goldrain nach Morter, es wird bereits 1338 urkundlich erwähnt, und zwar als Eigentum der Herren von Froschauer, einem Schweizer Geschlecht.
Der Betrieb liegt im Tal und nicht am Wanderweg. Für die Wanderfreudigen gibt es am Sonnenberg den Goldrainer Panoramaweg. Von Goldrain auf Steig Nr. 5 hinauf, dann hinein in die Tissbachschlucht (Hängebrücke) leicht ansteigend zum Weg Nr. 7 und auf diesem weiter zur Latscher Brücke und von dort zurück nach Goldrain (Gehzeit etwa 2 Std.). Der Weg ist bis in den Spätherbst begehbar, im Sommer aber zu heiß.
Der Eigenbauwein, der hier ausgeschenkt wird, ist ein Sylvaner; er stammt vom Weingut am Sonnenhang in Goldrain. Auch der Holundersaft ist hausgemacht.
Essen: gemischte kalte Platte, Grillspezialitäten – Schweinshaxen, Hähnchen, gemischter Grillteller – am offenen Feuer; Krautspezialitäten zu allerlei Gerichten.
Im Herbst gibt es neben Hauswurst mit Kraut und Knödeln natürlich auch gebratene Kastanien.

Zur gegenüberliegenden Seite: Hat man beim Törggelen seine Nase einmal zu tief ins Weinglas gesteckt, so kann man sie sich am Forrawaal bei Schlanders vom Vinschgerwind umwehen lassen.

Das Eisacktal

Ob das Törggelen nun wirklich im Eisacktal entstanden ist, weil man am Rande der Weinbauregion besonders ungeduldig auf den neuen Wein gewartet hat, oder ob es ein altes bäuerliches Tauschgeschäft war, wird man wohl nicht mehr erfahren. Sicher ist aber, daß der Brauch hier am originellsten erhalten geblieben ist, weil er am Bauernhof stattfindet und nahezu ausschließlich Eigenbauweine ausgeschenkt werden.

Trotz des touristischen Ansturms und der organisierten Törggelefahrten aus dem In- und Ausland haben viele Betriebe die ursprüngliche Qualität behalten und sind nicht der Versuchung erlegen, Massenware anzubieten. So sitzt man im Eisacktal vornehmlich in der meist getäfelten Bauernstube in heimeliger Atmosphäre und labt sich an einfachen Gerichten aus natürlichen Produkten. Die Eigenbauweine sind zwar nicht besser als die Qualitätsweine der Genossenschaften, aber sie besitzen individuellen Charakter, weil der Bauernwein aus verschiedenen Sorten gekeltert wird – aus Sorten, die es zum Teil nur noch im Eisacktal gibt und die hier weiterhin gehegt und gepflegt werden.

Die Dörfer Barbian, Villanders und Feldthurns liegen in besonders günstiger Sonnenlage wie auf einer Terrasse oberhalb des Eisacktales und haben schon früh Siedler angelockt, wie jüngste Ausgrabungen vor allem in Villanders (unterhalb des Dorfzentrums) beweisen. Die geschichtliche Bedeutung dieser Gegend rund um Klausen und Säben ist auch an den vielen burgähnlichen Bauten zu erkennen. Erwähnenswert sind die Eisen- und Kupferbergwerke im Thinnetal und der Erzweg.

Es wäre mühselig, alle Sehenswürdigkeiten der alten Bischofsstadt Brixen aufzuzählen, und es würde den Rahmen dieses Führers sprengen. Aber es soll nicht unerwähnt bleiben, daß hier städtisches Treiben, Kunstschätze (Dom, Hofburg), das behäbige Kloster Neustift und bäuerliche Einfachheit in harmonischem Nebeneinander auf engstem Raum anzutreffen sind.

Daß sich andererseits die Künstler und die Romantiker des vorigen Jahrhunderts lieber in Klausen trafen, ist bei einem Spaziergang dort leicht begreifbar. Es ist eine winkelige, heimelige Kleinstadt zu Füßen des Klosterberges Säben.

Die Betriebe rund um Brixen, um Klausen, in Feldthurns, Villanders und Barbian liegen auf halber Höhe an den umliegenden Berghängen. Allesamt sind sie auf Wanderwegen zu erreichen. Die östliche Flanke des Eisacktals ist zwar nicht so sonnenverwöhnt, doch brauchen die Weinhöfe in Gufidaun, im Lajener

Das Gebiet rund um das Kloster Neustift bei Brixen ist die Heimat des Eisacktaler Sylvaners.

Ried, in St. Oswald, in Tisens und Völser Aicha den Vergleich beim Wein nicht zu scheuen – und dies schon gar nicht bei den Wanderwegen.
Die vorgeschlagenen Wanderungen sind Empfehlungen und können beliebig ausgedehnt oder zu lockeren Spaziergängen durch die Dörfer verkürzt werden. Andererseits sind alle Wege im Eisacktal auch mit alpinen Wanderungen kombinierbar, sollte es die Witterung noch erlauben, so beispielsweise auf die Plose, ins Villnößtal, zum Radlsee, zum Latzfonser Kreuz, zur Villanderer Alm, zum Rittner Horn, auf die Raschötz, die Seiser Alm und ins Tierser Tal, um nur einige zu nennen.
Die hier enthaltenen Vorschläge beschränken sich auf die typischen Herbstwanderungen zu den Höfen und sind als Rundwanderungen angelegt.

Zur folgenden Doppelseite: Während sich die Geislerspitzen schon im frischen Schneekleid präsentieren, begnügen sich die ehrwürdigen Kastanienbäume noch damit, ihr altes Blättergewand noch einmal neu leuchtend gelb einzufärben – es ist Törggelezeit an den Hängen um Feldthurns im Eisacktal.

Wandervorschlag Nr. 1: Brixner Sunnseitnweg

Diese Rundwanderung von der Schabser Sonnenterrasse kann beliebig ausgedehnt werden. Man kann sie natürlich auch an verschiedenen Orten beginnen. Ausgangspunkt ist der Flötscher Weiher in Schabs, Markierung Nr. 2, als »Sunnseitnweg« ausgeschildert. Richtung Raas wandert man zwischen Wald und Wiesen Richtung Süden. In Raas geht es an der Kirche vorbei und auf dem Weg Nr. 4 in Richtung Neustift.

Bei der ersten Weggabelung links abwärts der Straße folgend und bei der ersten Kehre links von der Straße abzweigend, gelangt man zum Strasserhof (Einkehrstätte). Von hier hat man einen schönen Blick auf Neustift, das größte Kloster Südtirols. Nun eben weiter über die Zufahrtsstraße und dem Wanderweg, folgend vorbei an Kastanienbäumen und Rebhängen.
An einem schönen Wegkreuz folgen wir dem alten Güterweg nach oben, hinauf nach Elvas. Von dort geht es, leider auf der Fahrstraße, zurück nach Raas (Törggelehof Kaltenhauser).
Ab hier auf dem Weg Nr. 2 Richtung Flötscher zum Ausgangspunkt zurück. Empfehlung zum Abschluß: Am Weiher entlang bis zum Wirtshaus Flötscher.
Gehzeit: 2 1/2 Std.

Der nördliche Teil des Eisacktaler Törggelegebietes, die Umgebung von Brixen.

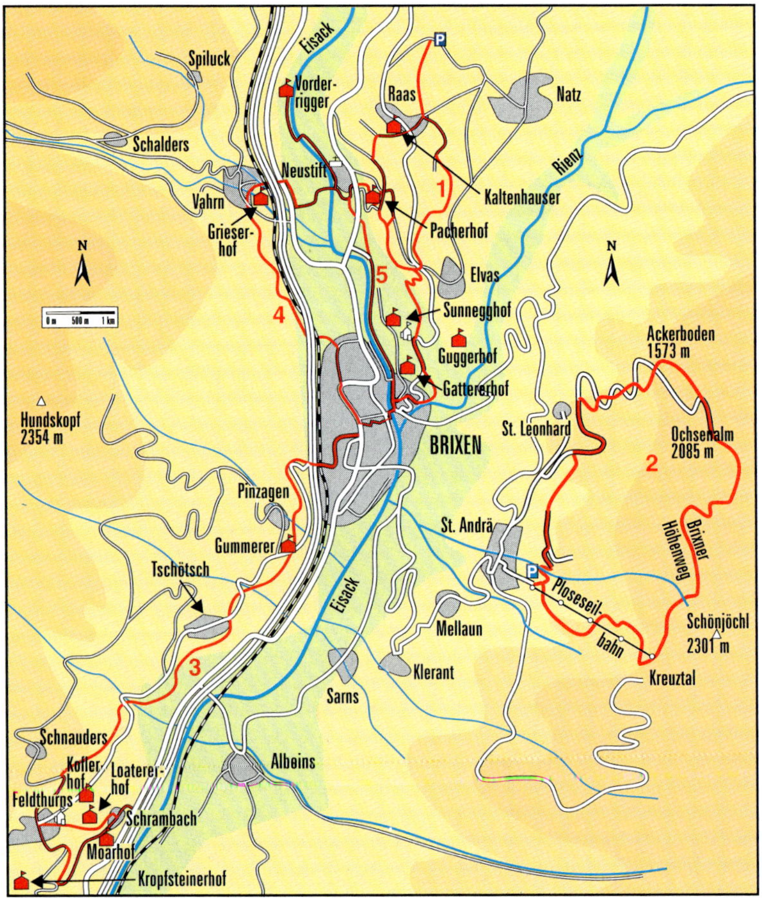

Wandervorschlag Nr. 2: Brixner Höhenweg

Von St. Leonhard oberhalb Brixen auf dem Weg Nr. 6 zum Akkerboden und weiter durch Wald und über Almwiesen in leichtem Anstieg zur Ochsenalm. Von dort auf Weg Nr. 30, dem lohnenden Brixner Höhenweg, südwärts in ebener Wegführung an der Baumgrenze entlang bis Kreuztal. Von dort entweder mit der Seilbahn zurück nach St. Andrä oder auf Weg Nr. 5 Abstieg durch den Wald.
Bergwanderung; Gehzeit: ohne Abstieg 3 1/2 Std.

Wandervorschlag Nr. 3: Brixen–Feldthurns

Von Brixen stets der Markierung 11 folgend der Feldthurnser Straße mit mehr oder weniger Abweichungen entlang. Nach Unterquerung der Autobahn durch Föhrenwald und Kastanienhaine nach Tschötsch und weiter leicht ansteigend zur Feldthurnser Straße. Oberhalb derselben die sonnigen Höhen querend bis zum Dorf Feldthurns mit seinen vielen Törggelehöfen.
Gehzeit: 2 1/2 Std.

Die alte Bischofstadt Brixen liegt malerisch am Zusammenfluß von Eisack und Rienz. Am linken Bildrand ist Kloster Neustift zu erkennen, rechts darüber erstreckt sich das Wandergebiet der Hochfläche von Natz-Schabs.

Wandervorschlag Nr. 4: Brixen–Vahrn

Von der Brixner Altstadt (Adlerbrücke) der Markierung 16 folgend nach Neustift zur bedeutenden Klosteranlage mit Stiftskirche, Engelsburg und Einkehrstätte mit Weinverkauf (Sylvaner). Von hier auf Markierung 0 über die Eisackbrücke und durch Wein- und Obstgüter leicht ansteigend nach Vahrn und von dort auf Weg Nr. 2 nach Brixen zurück, das man nahe des Krankenhauses erreicht.
Rundwanderung; Gehzeit: 1 1/2 Std.

Wandervorschlag Nr. 5: Neustift–Kranebitt

Von Neustift bergwärts, die Pustertaler Straße querend, hinauf zum alten Pacherhof (T) und weiter zum Strasserhof. Von dort auf Weg Nr. 2 nach Elvas und Abstieg nach Brixen-Kranebitt.
Rundwanderung; Gehzeit: 1 1/2 Std.

Wandervorschlag Nr. 6: Klausen–Feldthurns

Im historischen Zentrum von Klausen folgen wir dem Wegweiser »Säben« über Treppen nach oben. Der alte Plattenweg gibt über dem Burgstall schnell den Blick frei auf das Dürerstädtchen Klausen und führt zum Benediktinerinnenkloster Säben.

Die Schatten werden nun länger, doch auch im Spätherbst lassen sich in Südtirol die Freuden eines reich gedeckten Tisches noch im Freien genießen.

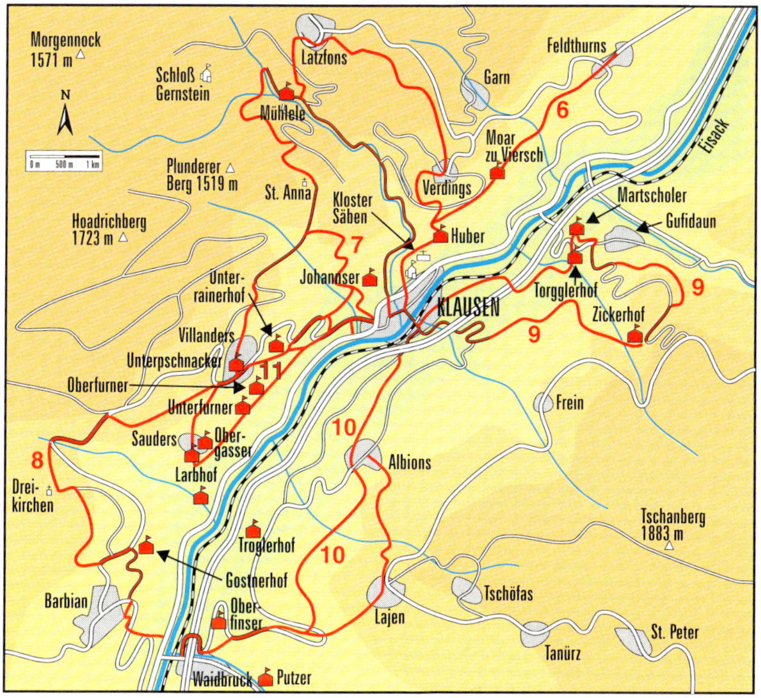

Das Wander- und Törggelegebiet um Klausen.

Oben angelangt hört man zwar den Verkehr der Autobahn, dafür steht man aber auf geschichtsträchtigem Grund und man spürt es wie so oft in solchen Situationen. Vielleicht hat dieses Kloster mit seiner einzigartigen Lage als Fürstensitz eine viel größere Rolle gespielt, als in den Geschichtsbüchern steht.
Werfen wir einen Blick in die Kirche – mehr ist ja nicht erlaubt –, bevor es weitergeht Richtung Pardell zum Huberhof (T) und von dort auf Weg Nr. 12, vorbei an St. Josef und dem Törggelehof Moar zu Viersch, nach Feldthurns.
Gehzeit: ca. 1 1/2 Std.

Wandervorschlag Nr. 7: Rundwanderung Villanders

Ausgangspunkt ist das Dorfzentrum von Villanders. Wir gehen durch die Villanderer Dorfgasse zur Kirche (Weg Nr. 3), bewundern den Friedhof mit den dichtgedrängten schmiedeeisernen Kreuzen. Die Einzigartigkeit dieses Friedhofes besteht darin, daß die Grabflächen sich hinter dem Kreuz befinden und nicht davor, wie sonst überall in Südtirol.

Vom Friedhof geht es bergseitig hinauf bis zum Höfeweg und immer auf Weg Nr. 3 und der Beschilderung »St. Anna« folgend. Der Weg verläuft nur leicht ansteigend und bietet einen Tiefblick auf das Kloster Säben und den Fernblick auf die Dolomiten, insbesondere auf die Geislerspitzen in Villnöß.
St. Anna in Rotlahn ist die Knappenkirche des ehemaligen Kupferbergwerks, das sich hier bergwärts und bis zum Thinnebach hinunter erstreckte. Man kann hier über alte Schutthalden bis hinunter zum Gasthof Mühlele weiterwandern und gelangt von dort auf der Straße entlang zurück nach Klausen.
Wir aber gehen ein Stück zurück bis zur Abzweigung des Erzweges hinunter Richtung Klausen. Auf diesem alten Stein- und Plattenweg wurde früher der Bruch aus den Bergwerksstollen nach Klausen zur Aufbereitung gekarrt. Wir folgen dem Weg bis zum Johannserhof (T), gehen dort dem Höfeweg entlang bis zur Villanderer Straße, an der St.-Valentins-Kirche vorbei bis zum Gasthof Sturm, wo man links, dem Törggeleweg folgend, zurück nach Villanders gelangt.
Gehzeit ca. 2 1/2 Std.

Wandervorschlag Nr. 8: Villanders–Barbian

Den Weg Nr. 4 nach Bad Dreikirchen folgend gelangt man zuerst nach Stofels und nach Überquerung des Zargenbaches etwas steiler ansteigend zum alten Badeort mit den eigenwilligen zusammengebauten drei Kirchen (Besichtigung möglich).
Anschließend folgt man dem Weg Nr. 8A und kommt auf diesem bald abzweigend auf dem Touristensteig nach Barbian.
Gehzeit: ca. 2 Std.

Wandervorschlag Nr. 9: Klausen–Gufidaun

Von Klausen im Stadtteil Griesbruck startend, unterquert man die Autobahn auf Weg Nr. 7. Nach Überschreitung des Zickerbaches, teils auf dem alten Weg, teils die neue Gufidauner Straße nützend, geht es vorbei am Unterbühlerhof (T) und dem Torgglerhof (T) nach Gufidaun (Einkehrempfehlung Turmwirt).
Von hier zuerst auf der Höfe-Zufahrtsstraße aufwärts, dann rechts abzweigend hinauf zum Zickerhof (T) und von dort zum Ansitz Fonteklaus. Von hier steigt man, dem Wegweiser »Klausen« folgend, ab.

Jeder Tropfen geht zuerst einmal durch die Hand.

Zusammen mit dem Martscholerhof (T) an der Fahrstraße nach Gufidaun liegen entlang dieser Rundwanderung vier empfehlenswerte Törggelehöfe.
Törggelerundwanderung; Gehzeit: ca. 2 1/2 Std.

Wandervorschlag Nr. 10: Klausen–Waidbruck

Von der Klausner Ostseite auf Markierung 5 unterquert man südwärts die Autobahn, geht kurz der Grödner Straße entlang und von dieser links abzweigend nach Albions und weiter nach Lajen. In diesem freistehenden sonnigen Dorf lohnt es sich zu verweilen.
Der Abstieg führt nach Waidbruck, vorbei am Vogelweiderhof (angebliche Geburtsstätte des deutschen Minnesängers Walther von der Vogelweide). Kurz vor Waidbruck treffen wir auf den Obefinserhof (T) und den Unterfinserhof (T). Vom Unterfinser taleinwärts gelangt man zum Putzerhof (T).
Variante: Von Lajen absteigend und der Grödner Straße entlang Richtung Klausen gelangt man zum Troglerhof (T).
Gehzeit: 2 3/4 Std.

Der Vogelweiderhof im Lajener Ried. Hier vermutet man die Geburtsstätte Walthers von der Vogelweide, des bedeutenden Minnesängers.

Wandervorschlag Nr. 11: Törggeleweg in Villanders

Keine Wanderung erschließt so viele Törggelehöfe, wie der unterhalb vom Dorf Villanders verlaufende »Törggeleweg« – nomen est omen. Er kann im Dorfkern von Villanders, in St. Valentin aber auch in St. Moritz gestartet werden und ist als »Törggelesteig« ausgeschildert sowie blau-weiß markiert.
Die klassische Route beginnt jedoch in Klausen mit Weg Nr. 4 Richtung Villanders über den alten Verbindungsweg beider Orte. Trifft man auf den Törggelesteig, geht man den Rundweg am besten links weiter, unter Villanders vorbei nach St. Moritz in Sauders, dann hinauf nach Villanders, um von dort wieder auf Weg Nr. 4 abzusteigen und die Rundwanderung zu beschließen.
Für die reine Rundwanderung, ohne die Einkehrzeiten mitzurechnen, benötigt man die unten erwähnte Zeit. Für den Zustieg ab Klausen sind weitere 40 Minuten Gehzeit zu rechnen.
Gehzeit: 2 1/2 Std.

Wandervorschlag Nr. 12: Puntschakofelweg (Puntschuhweg)

Ausgangspunkt ist der Dorfplatz von Kastelruth. Durch die Vogelweidergasse beim Hotel »Lamm« hinunter erreicht man die Straße, die nach Waidbruck führt. Auf dieser wandert man bis

Der Herbst ist die beste Zeit zum Wandern in Südtirol. Weit reicht in der klaren Luft die Sicht von Villanderer Hängen zu den großen Dolomitengipfeln, wie hier zum Langkofel (links).

zur großen Kehre, dann links auf einem Schotterweg weiter, leicht abwärts am Puntschuh-Hof vorbei, durch die Felder in den Buchwald und über die Bachschlucht. Es handelt sich um einen historischen Wegabschnitt, der früher als wichtige Verbindung vom Eisacktal nach Kastelruth benutzt wurde.
Von St. Oswald (Tschötscherhof, T) geht man auf der Fahrstraße entlang Richtung Seis und von dort zurück nach Kastelruth.
Gehzeit: 2 3/4 Std.

Törggelebetriebe des Eisacktals

Torgglerhof (Klausen)

Dieser Buschenschank liegt auf dem Weg von Klausen nach Gufidaun oberhalb der Fahrstraße auf etwa 700 Metern auf halber Höhe zwischen den beiden Dörfern. Zu dem gut 300 Jahre alten Bauernhof – die Besitzerfamilie ist seit 80 Jahren hier – gehört auch ein Pensionsbetrieb mit einem ganzjährig geöffneten Gasthaus, getörggelet wird aber im alten Bauernhaus. Sitzplätze für 30 Personen gibt es in einer alten getäfelten Stube mit Ofen; Sitzplätze im Freien hat der Hof keine, nur das Gasthaus verfügt über eine Terrasse.
Zufahrt mit Pkw und Bus möglich, Parkplatz direkt beim Hof.

Torgglerhof
Gufidaun 22 A,
Klausen
I: Fam. Rabensteiner
☎ 0472/847371
B: von September bis November; Gruppen können sich auch außerhalb dieser Zeit anmelden.
Ö: mittags und abends; kein Ruhetag.
Buschenschank; Vormerkung ist möglich, für Gruppen notwendig.

Der Torggler liegt am Wanderweg Klausen–Gufidaun und ist von dort in 20 Minuten erreichbar (siehe Wandervorschlag Nr. 9).
Wein: An Eigenbau gibt es Weiß- und Rotwein. Der Weißwein ist ein Bauernwein aus verschiedenen Sorten, der Rote ist ein Portugieser.
Hausgemacht sind neben den Säften auch der Speck, die Kaminwurzen und die Würste.
Warme Gerichte: Gerstsuppe, Plentnknödel, Lammbraten (auf Bestellung), Krapfen. Kastanien aus Eigenproduktion gibt es gebraten oder gekocht ab Oktober.

Martscholerhof (Klausen)

Martscholerhof
Gufidaun, Klausen
I: Fam. Brunner
☎ 0472/847207
B: 1. Oktober bis Ostern.
Ö: mittags auf Bestellung sowie abends; kein Ruhetag.
Vormerkung ist möglich, an Wochenenden notwendig, vor allem für Gruppen.

Der Hof liegt an der Straße nach Gufidaun außerhalb von Klausen. Er ist von dort zu Fuß erreichbar, gehört aber schon zur Fraktion Gufidaun. Es gibt 50 Sitzplätze in einer großen Stube mit Bauernofen.
Zufahrt ist mit dem Pkw möglich, mit dem Bus gibt es Parkplatzprobleme. Von Klausen oder von der Autobahnausfahrt kommend biegt man kurz nach der Unterquerung derselben links ein. Das Besondere dieses Buschen ist, daß er tatsächlich nur 50 Meter Luftlinie von der Brennerautobahn entfernt liegt, aber gemütliche Einkehr bietet – und einen guten Weißwein.
Der Hof liegt knapp unterhalb der Höfe Unterbichler und Torggler, ebenfalls an der Gufidauner Straße, jedoch nicht direkt am Wanderweg auf dieser Seite des Eisacktales (siehe Wandervorschlag Nr. 9.).
Der Wein ist Eigenbau: der Weiße ein vielgelobter Müller-Thurgau, der Rote ein Portugieser. Es gibt auch hausgemachte Säfte, Auswahl je nach Jahresernte.
Das Essen: Außer dem hausgemachten Bauernspeck gibt es hier als Eisacktaler Spezialität Preßsack und auch sauren Kalbskopf. An warmen Speisen sind die Saure Suppe, die Schlutzkrapfen, die Würste und die Krapfen hervorzuheben. Natürlich gibt es gebratene Kastanien.

Moar zu Viersch (Klausen)

Der Bauernhof liegt als Einzelhof auf 750 Metern Höhe auf der Sonnenterrasse von Verdings, das nicht zur Gemeinde Feldthurns, sondern zu Klausen gehört. Von dort verläuft auch eine

der schönsten Wanderungen hierher (siehe Wanderempfehlung Nr. 6).
Die beste Zufahrt erfolgt über Feldthurns (auch für Busse geeignet) und weiter Richtung Verdings. Von dieser Straße zweigt links die Zufahrt zum Hof ab.
Aber der Moar ist ein exzellentes Wanderziel von Feldthurns oder von Klausen her und kann auch mit Wanderungen Richtung Latzfons verbunden werden. Auch hier ist die Beschilderung gut und man kann nicht verloren gehen.
Der Hof verfügt über zwei Stuben, eine alte getäfelte und eine neue, in denen etwa 50 Leute Platz finden.
Die Geschichte weiß zu erzählen, daß das Kreuz am höchsten Wallfahrtsort Südtirols, dem Latzfonser Kreuz (herrliches Wanderziel mit Wallfahrtskirche) beim Moarhof gefunden wurde.
Essen und Trinken: Der Weißwein ist ein Sortenwein aus der Kellereigenossenschaft, der Rotwein hingegen ein Eigenbau und ein typischer Bauernwein aus Portugieser, Sylvaner und Müller-Thurgau. Hausgemacht sind auch der Apfel-, der Himbeer- und der Johannisbeersaft.
Besonders zu empfehlen sind der hausgemachte Speck und die Würste (solange der Vorrat reicht). Warme Gerichte: Speckknödel, Surfleisch, Hauswurst und Kraut. Eine Besonderheit sind die Schlutzer aus Kartoffelteig und die Hefekrapfen. Ab Oktober gibt es gebratene Kastanien.
Alles, was es zum Törggelen braucht, ist beim Moar von guter Qualität.

Moar zu Viersch
Verdings 22, Klausen
I: Fam. Kerschbaumer
☎ 0472/855489
B: September bis Dezember und Februar bis April.
Ö: ganztägig, kein Ruhetag.
Vormerkung möglich, für Gruppen am Wochenende unbedingt notwendig.

Johannserhof (Klausen)

In Frag oberhalb von Klausen auf gut 700 Höhenmeter gelegen, versteckt sich dieser Hof hinter einer Rückfallkuppe und ist dadurch vor dem Eisacktaler Verkehrslärm geschützt.
Zufahrt für Busse gibt es keine, auch mit dem Pkw ist der Hof nur abenteuerlich zu erreichen.
Am besten gelangt man zum Johannser zu Fuß. Am alten Erzweg gelegen ist er nach kurzem Aufstieg von Klausen aus zu erreichen und kann in eine schöne Rundwanderung eingebaut werden (siehe Wandervorschlag Nr. 7).
Der Hof liegt in geschichtsträchtiger Nähe zu Säben und war früher ein namhaftes Anwesen. Alte Bilder in der Stube zeigen ihn mit einem breiten Wehrturm. Der Gang ist breit und die Stube

Johannserhof
Frag 65, Klausen
I: Fam. Brunner
☎ 0472/847995
B: Oktober bis März.
Ö: mittags und abends; kein Ruhetag.
Voranmeldung für Gruppen notwendig.

groß, das sind Anzeichen früheren Reichtums. Übrigens, die frühere gotische Stube des Johannsers ist heute im Tiroler Landesmuseum Ferdinandeum in Innsbruck zu bewundern.
Heute finden in der einzigen Stube 45 Personen Platz, im Freien wird nicht serviert. Hier gibt es den Wein aus Krügen zu trinken, der weiße Eigenbau ist ein Müller-Thurgau, der Rote, ebenfalls ein Eigenbau, ist vorwiegend ein Portugieser, mit Müller-Thurgau vermischt.
Als kalte Speisen gibt es alles, was im Eisacktal typisch ist. Bei den warmen Speisen wählt man am besten das, was die Bäuerin empfiehlt. Die Auswahl an Speisen ist nicht riesig, dafür aber von guter Qualität. Die Eisacktaler Krapfen dürfen zum Abschluß nicht fehlen.

Huberhof (Klausen)

Huberhof
Pardell 50, Klausen
I: Fam. Gasser
☎ 0472/855479
B: vom 1. März bis 15. Dezember.
Ö: mittags und abends durchgehender Betrieb; Montag Ruhetag. Gasthaus; Vorbestellung ist am Abend notwendig, Gruppen sind willkommen.

Im Bauerngasthaus auf 750 Metern Höhe stehen den Gästen in einer größeren und in einer kleineren, getäfelten Stube etwa 60 Sitzplätze zur Verfügung, im Freien gibt es über 100 Plätze an der Sonne und unter schattigen Bäumen.
Die Zufahrt mit dem Pkw kann über das Thinnetal von Klausen aus erfolgen; gleich nach Beginn der Schlucht geht es rechts hinauf oder über Feldthurns–Verdings. Die zweite Variante ist auch für Busse möglich.
Der Huberhof in Pardell steht an einem der schönsten Wanderwege (Klausen–Feldthurns bzw. Latzfons) des Eisacktales. Da läßt man das Auto am besten in Klausen stehen und geht über oder unter Säben vorbei nach Pardell. Für die Gemütlichen: mit dem Bus nach Feldthurns und abwärts über Pardell nach Klausen (siehe Wandervorschlag Nr. 6).
Der Huberhof steht nicht nur in der Nähe des geschichtsträchtigen Klosters Säben, sondern hier wurde auch Geschichte gemacht. Eine Kapelle erinnert daran, daß die Franzosen an dieser Stelle von tapferen Frauen in Schach gehalten wurden, angeblich mit einem raffinierten Trick.
Beim Huber gibt es Eigenbauweine: Der Weiße ist ein Sylvaner, der Rote besteht aus Portugieser, Blauburgunder und Vernatsch.
Speisen: Graukäse, Spinatknödel, Gerstsuppe, Schlutzkrapfen, Käsenocken, Schweinefleisch, Haxen und Rippelen, Krapfen, mit Kastanien gefüllt – kurzum alles, was man sich von einem Eisacktaler Törggelebetrieb erwartet.

Mühlele (Klausen)

Der Gasthof Mühlele liegt in 800 Metern Höhe im Thinnetal unten am Bach und war, wie der Name besagt, einst eine Mühle zum Getreidemahlen. Bei einer Flutkatastrophe im Jahr 1921, die das Städtchen Klausen verwüstete, wurde auch diese Mühle mitgerissen.
Es gibt ein Gastlokal, teilweise getäfelt, mit 45 Sitzplätzen. Im Freien ist es hier im Herbst zu kühl.
Die Zufahrt ist von Klausen über die Straße durch das Thinnetal möglich, allerdings nur mit dem Pkw, nicht für Busse; diese fahren am besten nach Latzfons. Das Gasthaus Mühlele liegt am Wanderweg Latzfons-Villanders Nr. 3.
Gastronomie: Der Eigenbauwein ist ein Vernatsch, hausgemacht. Säfte gibt es keine. »Hier trinken die Gäste entweder Wasser oder Wein«, sagt die Wirtin. Aber es gibt einen hausgemachten Bauernspeck und Kastanien. Abends bestellt man beim Mühlele am besten ein ganzes Menü: Schlutzkrapfen, Bauernplatte mit Knödeln, Kraut, Rippelen und Würsten – eben das, was gerade gekocht wird. Mittags gibt es für die hungrigen Wanderer auch kleine Schmankerl.

Mühlele
Latzfons 95, Klausen
I: Fam. Raifer
☎ 0472/545153
B: ganzjährig geöffnet, Törggelezeit September bis Jänner.
Ö: mittags und abends durchgehend; Dienstag Ruhetag.
Gasthaus; Vormerkung ist abends notwendig, Gruppen sind willkommen.

Zickerhof (Klausen)

Der Bauernbuschen liegt auf 1000 Metern Höhe. Die Stube mit einem hundertjährigen Getäfel bietet etwa 45 Gästen Platz. Im Freien sind keine Sitzgelegenheiten, doch wäre es hier im Herbst auch zu kühl.
Die Zufahrt erfolgt von Klausen nach Gufidaun; dort nicht links ins Dorf, sondern rechts die Höfestraße zwei Kilometer nach oben und rechts abbiegend über eine Wiesenterrasse zum einsam gelegenen Hof. Für Busse ist die Zufahrt schwierig und nur erfahrenen Bergfahrern zu empfehlen.
Als Wanderer erreicht man den Zicker auch von Lajen aus über den Weiler Freins. Interessant ist im Frühherbst auch eine Wanderung vom Zicker aus durch den Wald zum Flitzer Wasserfall. Der Hof liegt schon hoch über dem Eisacktal und gibt den Blick nach Norden frei.
Eigenbauweine gedeihen hier nicht mehr, aber es wird trotzdem ein weißer und ein roter Bauernwein ausgeschenkt, und der stammt aus dem Weingut des Bruders vom Martscholerhof.

Zickerhof
Gufidaun, Klausen
I: Fam. Dorfmann
☎ 0472/847360
B/Ö: von September bis Dezember; man kann für mittags oder abends die Stube vorbestellen.
Der Bauernbuschen ist ausschließlich auf Gruppen spezialisiert.

Eigenen Apfelsaft gibt es ebenso wie die Produkte für folgendes Törggelemenü: Gerstsuppe, Kartoffeln mit Speck und Käse, Surfleisch mit Kraut und Hauswürsten, Krapfen und gebratene Kastanien.

Gostnerhof (Barbian)

Dieser Hof, im Weiler St. Gertraud gelegen, ist einer der vielen echten Buschen im Eisacktal, der nur zur Törggelezeit offen hält und nur eigene Produkte verabreicht. Sind diese erschöpft, wird geschlossen. Es gibt hier über 50 Sitzplätze in zwei getäfelten Stuben (Zirmholz und Fichte) und drei Tische im Freien auf der Wiese vor dem Haus.

Gostnerhof
St. Gertraud 39,
Barbian
I: Fam. Winkler
☎ 0471/654357
B: von Mitte September bis Mitte Dezember.
Ö: mittags und abends durchgehende Betriebszeit; kein Ruhetag. Vormerkung ist möglich, für Gruppen notwendig.

Zufahrt nicht über Barbian, sondern direkt von der Brenner-Staatsstraße links ab zwei Kilometer zum Hof. Wenn man von Süden kommt, erfolgt die Auffahrt nach der Abzweigung Barbian (Parkplatz vorhanden).

Der Gostnerhof liegt am Wanderweg Nr. 3, der an der Staatsstraße gegenüber der Einfahrt nach Gröden beginnt und nach Barbian und St. Gertraud und weiter nach Dreikirchen führt (siehe Wandervorschlag Nr. 8.) Man kann auch eine Rundwanderung von Barbian aus unternehmen: Zuerst hält man sich Richtung St. Gertraud, dann geht es links weiter auf dem Weg Nr. 3, der rechts abzweigend hinauf nach Briol und über Dreikirchen absteigend zurück nach St. Gertraud führt.

Essen und Trinken: Der Wein ist Eigenbau, und zwar Müller-Thurgau als Weißer; den Roten gibt es als Blauburgunder und Vernatsch. Die Weinlage muß hier gut sein, sonst wäre ein reiner Blauburgunder im Eisacktal nicht trinkbar. Weiters gibt es Holunder-, Trauben- und Apfelsaft, alles hausgemacht.

Zu empfehlen sind der echte Bauernspeck und die Würste, die es als Kaminwurzen und als frische Hauswurst mit Kraut gibt. Zu diesen Köstlichkeiten darf man auch einen Graukäse essen, auch wenn er nicht direkt am Hof hergestellt wurde. Warmes: Gerstsuppe, Schlutzer und Tris mit Spinatknödeln, echtes Bauernbratl mit Schweinefleisch und Kartoffeln aus dem Holzherd, Surfleisch und anderes. Hauseigen sind auch die Barbianer Kastanien, die im Eisacktal ebenso gerühmt werden wie im Burggrafenamt die Tisner Edelkastanie.

Es soll Leute geben, die nur der Kastanien wegen zum Gostnerhof kommen.

Einer der Altäre in Dreikirchen.
Der Badeort selbst gehört zur Gemeinde Barbian und liegt frei gegenüber den Dolomiten und hoch über dem Eisacktal.

Vorderriggerhof (Vahrn)

Der Hof, ein echter Eisacktaler Bauernbuschen mit Fremdenzimmern, liegt in Unterdorf, Nähe Neustift und ist auch von dort aus am besten erreichbar. Er erhebt sich am Talgrund neben dem Eisackfluß, der hier ein verstecktes und ruhiges Ambiente bietet (keine Durchfahrtsstraße, Fluß, Autobahn und Staatsstraße ziehen uneinsehbar hinter dem Hügel vorbei).
Im Bauernhaus finden sich Plätze für 120 Personen in zwei Räumen – einer Bauernstube und einem gewölbten Raum. Weiters stehen im Freien zwei Tische unter einem Lindenbaum für weitere 25 Personen zur Verfügung.
Der prächtige Bau des Bauernhauses und die schönen Gewölbe verraten die historische Bedeutung dieses Anwesens. Tatsächlich war es Sommerresidenz der Brixner Bischöfe und gehörte früher zum Kloster Neustift. Auch heute ist es ein großer Bauernhof mit beachtlichem Viehbestand, und die Familie ist auch mit vielen Kindern gesegnet.
Mit dem Auto biegt man von Brixen kommend in die Neustifter Straße ein und fährt nach der Brücke links am Kloster vorbei. Zufahrt für Pkw und Busse möglich.
Für den Wanderer empfiehlt sich der Weg von Brixen nach Neustift (Vorschlag Nr. 4) und von dort dem Eisack entlang (Neustifter Weg).

Vorderriggerhof
Unterdorf, Riggerweg 1, Vahrn
I: Fam. Baumgartner
☎ 0472/832167
B: von 1. Oktober bis 30. November.
Ö: mittags nur auf Vorbestellung, auch abends ist Anmeldung ratsam; Montag Ruhetag.

Essen und Trinken: Der Eigenbau ist einmal ein Sylvaner – wie könnte es hier in Neustift auch anders sein – und ein Portugieser als Rotwein, mit jener Menge Sylvaner vermischt, der nötig ist, um ihn spritzig zu machen.
Hausgemacht sind Apfelsaft, Speck (eigene Schweinezucht) und Würste. Es gibt Tirtlen und Schlutzkrapfen und Eisacktaler Krapfen. Die Auswahl ist nicht groß, dafür aber stammt alles vom eigenen Hof und ist von bester Qualität.
Die Voranmeldung darf allerdings nicht vergessen werden, denn der Hof ist zwar gut versteckt, aber wohlbekannt.

Pacherhof (Vahrn)

Dieser große Bauernhof in einer Höhenlage von 650 Metern strahlt schon von seiner Architektur her Alter und Behaglichkeit aus. Er liegt oberhalb von Neustift am Osthang über der Pustertaler Straße.
In zwei kleineren und einer großen Stube finden im Bauernhaus 120 Personen bequem Platz. Die kleine, sehr gemütliche Stube hat 20, die anderen 40 und 60 Sitzplätze. Zudem gibt es in der warmen Jahreszeit für weitere 40 bis 50 Personen Sitzgelegenheiten im Freien.
Eine der alten Stuben am Hof dürfte zu den ältesten im Lande zählen. Das Anwesen selbst ist, wie eine Urkunde belegt, sogar älter als das nahe Kloster Neustift und somit ein wirklich historischer Südtiroler Hof.
Das Anwesen ist mit dem Pkw erreichbar, mit dem Bus aber nicht, denn die Straße ist zu schmal. Der Pacher ist von Neustift aus leicht erreichbar und liegt überdies am weiß-blau markierten Törggelesteig mit der Bezeichnung »T«. Weitere Wandermöglichkeit siehe Vorschlag Nr. 5.
Es gibt nur Weißwein am Pacherhof, doch der ist in fünf Sorten zu bekommen: Sylvaner, Müller-Thurgau und Kerner, Ruländer und Gewürztraminer; alles Eigenbau, versteht sich. Apfelsaft und natürlich der Speck stammen ebenfalls aus eigener Produktion. An warmen Gerichten herrscht große Auswahl: Gerstsuppe, Käseknödel, besonders zu empfehlen die hausgemachten Schlutzer, Hauswurst mit Kraut, Surfleisch, Rippelen, Schwarzplentene Torte und Krapfen.
Am Pacherhof ist alles gut, und bedient wird man ebenfalls hervorragend: der Bauer hat sechs Töchter.

Pacherhof
Neustift, Vahrn
I: Josef Huber
☎ 0472/835717
B: vom 1. Oktober bis Ende Mai durchgehend geöffnet.
Ö: durchgehend von mittags bis abends; kein Ruhetag.
Gasthaus; Vorbestellung ist möglich, an Wochenenden – vor allem für Gruppen – im Herbst unbedingt notwendig.

Eine barocke Innenausstattung – wie in dieser Üppigkeit sonst in Südtirol eher selten – ist in der Stiftskirche von Kloster Neustift zu bewundern.

Grieserhof (Vahrn)

In dem Bauernbuschen auf 650 Metern Höhe stehen 80 Sitzplätze in zwei Stuben zur Verfügung. Beide sind getäfelt, eine alt, die andere neu. In der alten Stube steht auch noch ein gemauerter Ofen mit der traditionellen Ofenbank.

Die Zufahrt mit dem Pkw (mit Bus etwas schwierig) erfolgt von der Brenner-Staatsstraße aus über den Griesweg; von Brixen kommend biegt man rechts ab.

Der Grieserhof liegt auch im historischen Einzugsbereich des Klosters Neustift und ist von dort auf dem Wanderweg (Markierung »T«) zu erreichen.

Es gibt eine schöne Auswahl an Eigenbauweinen: Sylvaner, Müller-Thurgau und Gewürztraminer sowie einen Portugieser.

Hausgemacht sind auch der Apfelsaft, und vor allem der Bauernspeck am Brettl mit etwas Käse ist hier zu empfehlen.

Warme Gerichte: Käsenocken, Gerstsuppe und ein typischer Eisacktaler Bauernschmaus mit Kraut, Würsten, Fleisch und Knödeln. Gebratene Kastanien und Krapfen geben die richtige Abrundung für einen Törggeleabend am Bauernhof.

Grieserhof
Griesweg 5, Vahrn
I: Fam. Huber
☎ 0472/834805
B: vom 1. Oktober bis 1. April.
Ö: nachmittags ab 14 Uhr durchgehend offen; kein Ruhetag. Vormerkung ist möglich, für Gruppen ratsam.

Gattererhof (Kranebitt)

Gattererhof
Elvaser Straße 83, Brixen-Kranebitt
I: Fam. Kerer
☎ 0472/836558
Buschenschank
B: von September bis Weihnachten.
Ö: mittags und abends; Montag Ruhetag.
Vormerkung ist möglich und an Wochenenden absolut notwendig; größere Gruppen liebt man hier nicht so sehr.

Der alte Bauernhof stammt aus dem 16. Jahrhundert, und ebenso alt ist die getäfelte Stube. 1927 hat das Bauernhaus schwere Brandschäden erlitten; zwar ist die Stube erhalten geblieben, doch sind die Brandmale noch gut sichtbar. In der alten und in der neuen Stube finden zusammen 85 Personen Sitzgelegenheit, und im Freien auf der Terrasse gibt es weitere 20.

Die Zufahrt mit Pkw und Bus ist möglich, Parkplätze sind vorhanden. Von Brixen aus fährt man über Stufels Richtung Elvas hinauf; nach dem Hotel »Temlhof« geht es nach 200 Metern links ab. Der Gatterer ist nicht direkt an einem Wanderweg gelegen, aber man erreicht ihn von Brixen aus leicht in einer Viertelstunde über den beschriebenen Weg. Wer wandern möchte, siehe den Vorschlag Nr. 1.

Der Hof liegt sonnig und der Wein entstammt natürlich der Eigenproduktion des Bauern: Es gibt beim Gatterer Sylvaner, und der Rote ist ein typischer Bauernwein aus Portugieser- und Blauburgundertrauben. Hausgemacht sind auch Holunder-, Kirsch- und Apfelsaft.

Hier muß man die typischen Eisacktaler Vorspeisen probieren: Tirtlen, Käsenocken, Spinatknödel. Gerstsuppe, Hauswürste und Surfleisch runden das Angebot an warmen Gerichten ab. Krapfen und Kastanien bilden den Schluß eines guten Mahls.

Gummererhof (Brixen)

Gummererhof
Pinzagen 18, Brixen
I: Fam. Gummerer
☎ 0472/835553
B: von September bis Dezember.
Ö: nur abends; Montag Ruhetag.
Bauernbuschen; Vormerkung für Gruppen ratsam.

Es gibt 50 Sitzplätze in der Bauernstube, die man nachträglich mit altem Holz getäfelt hat. Im Freien gibt es keine Sitzgelegenheit, doch wäre es hier abends auch ungemütlich, zumal der Bauernhof nur in der eigentlichen Törggelezeit ausschenkt.

Die Zufahrt ist direkt bis zum Hof – für Pkw, nicht jedoch für Busse – von Brixen aus über die Straße nach Feldthurns möglich. Der Gummerer ist ein Einzelhof im Ortsteil Pinzagen, also südwestlich von Brixen in der Gegend, die auch Tschötscher Heide genannt wird. Er liegt am Wanderweg Brixen–Feldthurns und ist von dort in 20 Minuten erreichbar (siehe auch Wandervorschlag Nr. 3).

Der Bauer keltert einen Müller-Thurgau und einen Blatterle sowie als Rotwein einen Portugieser ein. Es gibt für die durstigen Wanderer auch Apfel-, Sauerkirsch- und Holundersaft.

Eisacktaler Bauernkost auf einen Blick. Es ist unschwer zu erkennen, daß es sich hierbei um etwas »Handfestes« handelt, dessen Genuß körperliche Tätigkeit voraussetzt – und sei es wenigstens eine ausgedehnte Herbstwanderung.

Der Speck ist ganz und gar Eigenproduktion, und der Stolz der Köchin sind die Schlutzkrapfen. Weiters gibt es Gerstsuppe, Rippelen, Surfleisch, Krapfen und Kastanien.

Guggerhof (Kranebitt)

Am Sonnenhang der Schabser Hochfläche gelegen, bietet der Gugger vielleicht den schönsten Blick auf die Bischofsstadt Brixen. 200 herrliche Sitzgelegenheiten entweder unter der Trauerweide oder in der Laube und 130 in zwei holzgetäfelten Stuben laden zum Verweilen ein. Auf 700 Metern Seehöhe gelegen, gehört der Weinhof, der wirklich inmitten der Rebanlagen steht, schon zu den höchsten in Südtirol, was aber der Qualität des Weißweines keinerlei Abbruch tut.

Zu erreichen ist der Hof mit dem Auto von Brixen Richtung Elvas; nach etwa zwei Kilometern biegt man rechts ab (eigener Parkplatz, auch für Busse).

Man kann den Hof zu Fuß von Brixen aus erreichen, auf dem Weg Nr. 1 nach Elvas. Am besten verbindet man die Einkehr beim Gugger mit einer Wanderung auf die Hochfläche von Natz-Schabs (siehe Wandervorschlag Nr. 1). Eine Rundwanderung von Brixen aus führt über den Pinazweg nach Elvas und von dort mit der Markierung Nr. 1 zurück. Beim Aufstieg muß man zunächst ein Stück der Fahrstraße entlang gehen. Alle Wege

Guggerhof
Elvaser Straße 15,
Brixen-Kranebitt
I: Fam. Nußbaumer
☎ 0472/835319
B: Mitte September bis Ende November und März bis Mai.
Ö: ganztägig geöffnet; kein Ruhetag. Vormerkung für Gruppen unbedingt notwendig.

hier kann man auch im Winter begehen, weil sie sehr sonnig sind und deshalb für den Sommer eher abzuraten sind; beste Jahreszeiten sind der Frühling und natürlich der Herbst.
Der Weinhof ist erst in der zweiten Generation im Familienbesitz und eigentlich nur ein kleines Höfl, dafür gemütlich wie selten eines. Der Wein hat hier Tradition – der Bischof war nicht ferne, solange es in Brixen noch einen guten Tropfen gab.
Am Guggerhof werden alle klassischen Gerichte geboten, die ein Törggeleherz begehrt.
Der Wein ist selbstverständlich ein Eigenbau: Sylvaner, wie es sich hier gehört, aber auch der Müller-Thurgau entlohnt für die Höhenlage. Der Rote, ein echter Bauernwein, ist gemischt aus Portugieser, Blauburgunder und Veltliner. Mit etwas Glück kommt man vielleicht auch geradezeitig recht zu einen Federweißen. Hausgemachte Säfte gibt es je nach Jahreszeit: Sauerkirsch-, Apfel-, Schwarzbeer- und Traubensaft, auch Ribisel- (Johannisbeer-) und Himbeersaft.
Es gibt alle Eisacktaler Spezialitäten. Wenn man zwischen all den Köstlichkeiten nicht entscheiden kann, ist die beste Lösung vielleicht ein Tris aus Käsenocken, Spinatknödeln und Schlutzkrapfen. Besonders zu empfehlen sind die gebratenen Rippelen auf Kraut oder ein Törggeleteller. Ab Oktober gibt es gebratene Kastanien.
In der Osterwoche wird etwas Besonderes geboten: hausgemachter Osterschinken mit Kren und Osterbrot (Fochitz), Leberwurst, Hasenkeule, Ossobuco.

Sunnegghof (Kranebitt)

Im großen Bauernhaus stehen in vier Stuben Sitzplätze für 110 Personen bereit und im Garten und auf der Terrasse weitere 80 Plätze. Es sind typische getäfelte Bauernstuben in Zirmholz und in Naturholz.
Die Zufahrt mit dem Auto erfolgt von der Eisacktaler Staatsstraße nördlich von Brixen Richtung Kranebitt. Für den Bus gibt es keine Zufahrt (dafür Parkmöglichkeit in Brixen).
Zu Fuß erreicht man den Sunnegghof von Brixen aus über den Neustifter Weg (siehe Wandervorschlag Nr. 5).
Dieser große Hof liegt im Stadtteil Kranebitt, inmitten von Weinreben, aber gleichzeitig in angenehmer Nähe zum Kloster Neustift, mit dem er in historischer Verbindung steht.

In einer recht abweisenden Schale verbirgt sich der delikate Kern – die Südtiroler Edelkastanie hat entscheidenden Anteil an den Gaumenfreuden, die das Törggelen so schätzenswert machen.

Der Sunnegger beteiligt sich auch an den Eisacktaler gastronomischen Veranstaltungen, wie dem »Kuchlkirchtig« und der »Eisacktaler Kost« (Spezialitätenwoche).

Eine unter Weinfreunden bekannte Besonderheit ist der Kranebitter Kirchtag: An diesem Tag werden alle Keller geöffnet und es wird zum Verkosten geladen. Weiters ist der Sunnegghofbauer Mitglied der Vereinigung der »Rebläuse Kranebitt«, die sich besonders die Pflege des einheimischen, sprich Eisacktaler, Weines zur Aufgabe gestellt hat.

Es gibt hier zwei klassische Eigenbauweine, den Sylvaner und einen verschnittenen Rotwein, mit Portugiesertraube und Blatterle, außerdem stammen auch die Säfte von Äpfeln und Himbeeren aus eigener Herstellung.

Hier gibt es kalte und warme Speisen, alle Eisacktaler Spezialitäten von bester Qualität – man braucht sie den Törggelefreunden ja wahrlich nicht alle aufzuzählen; hervorzuheben sind vielleicht die Schlutzkrapfen und die Käseknödel.

Zu Ostern steht Lammbraten auf der Karte, und übers Jahr wird hier auch die feine Küche einschließlich der italienischen Spezialitäten angeboten. Bäuerlich, aber fein!

Sunnegghof
Weinbergstr. 67,
Brixen-Kranebitt
I: Fam. Thaler
☎ 0472/834760
B: mit Ausnahme von Jänner ganzjährig geöffnet.
Ö: mittags und abends, am Donnerstag ab 17 Uhr; Mittwoch Ruhetag.
Gasthaus; Vormerkung ist abends und samstags zu empfehlen.

Kaltenhauser (Natz-Schabs)

Kaltenhauser
Raas 5,
Natz-Schabs
I: Fam. Seppi
☎ 0472/412089
B: mit Ausnahme von Jänner ganzjährig geöffnet.
Ö: mittags und abends; mittags jedoch nur auf Bestellung.
Gasthaus; Vormerkung ist im Herbst nicht nur für Gruppen notwendig.

Es gibt im alten Bauernhaus eine große getäfelte Stube mit etwa 50 Sitzplätzen, dazu einige Tische auf der Wiese vor dem Haus.
Die Zufahrt ist mit dem Pkw und dem Bus möglich. Der Hof mit dem Gasthaus liegt im Dorf Raas auf dem sonnigen Plateau von Natz-Schabs – so heißt die Gemeinde mit den vielen kleinen Dörfern. Raas ist eines davon, und alle lassen sich mit einem gemütlichen Rundweg erwandern (siehe dazu den Wandervorschlag Nr. 1, »Sunnseitnweg«).
Mit dem Auto erreicht man Raas von Brixen aus über Elvas oder vom Norden kommend über Schabs.
Der Kaltenhauser ist ein Gasthaus mit Bauernwirtschaft. Es gibt eigenen Wein. Drei Sorten werden ausgeschenkt: Müller-Thurgau, Sylvaner und Portugieser. Auch der empfehlenswerte Bauernspeck stammt aus eigener Produktion.
Es gibt hier alle typischen Speisen, die ein Eisacktaler Törggelehof bieten kann, die Vorspeisen, Surfleisch, Rippelen bis zu den Krapfen mit Kastanienfüllung.

Unterpschnacker (Villanders)

Unterpschnacker
St. Stefan 63,
Villanders
I: Fam. Rabensteiner
☎ 0472/843280
B: Anfang Oktober bis Mitte November, auf Vorbestellung auch länger.
Ö: mittags und abends durchgehend; kein Ruhetag.
Bauernbuschen; Vormerkung ist möglich, auch für die ganze Stube;
für große Gruppen ungeeignet.

Der Hof liegt auf 650 Metern in St. Stefan zwischen dem Unterrainerhof und den Furnerhöfen und ist mit dem Pkw am besten über St. Moritz zu erreichen. In der alten getäfelten Bauernstube haben 30 bis 35 Personen Platz.
Die Zufahrt bis zum Hof ist selbst mit dem Pkw etwas schwierig, weil schmal. Wer von Norden kommt, nimmt nicht die Auffahrt nach Villanders, sondern fährt nach dem Gasthof »Zum Kalten Keller« bei der Handwerkerzone rechts hinauf. Für Busse gibt es keine Zufahrt.
Der Hof liegt am Törggelesteig, der als Rundwanderung auch von der Villanderer Straße aus zu begehen ist. Über diesen blauweiß markierten Weg kann man alle Törggelebetriebe in Villanders erreichen. Vom »Kalten Keller« führt ein steiler direkter Steig nach St. Moritz und zum Törggelesteig.
Der Betrieb ist klein und gemütlich. Es werden an Eigenbauweinen Sylvaner, Zweigelt und Portugieser ausgeschenkt.
Hausgemacht sind auch der Speck, die Würste und die Kartoffeln, die gekocht besonders gut zur Marende mit Käse und Speck am Brettl munden.

Warme Gerichte: Hauswurst mit Kraut, Käsenocken, Schlutzkrapfen, gekochtes Schweinefleisch, Knödel, Eisacktaler Krapfen mit Zwetschgen-, Kastanien- oder Preiselbeerfüllung und gebratene Kastanien.

Obergasser (Villanders)

Der Hof bietet 50 Sitzplätze in einer alten, getäfelten Bauernstube. Auf der kleinen Terrasse kann man zwar sitzen, aber es wird dort nicht serviert.
Die Zufahrt mit dem Pkw und Bus kann über St. Moritz von der Staatsstraße aus, aber auch vom Dorf Villanders herab erfolgen. Parkplatz ist vorhanden; bei Anfahrt mit dem Bus kurze Gehzeit von fünf Minuten.
Der Obergasserhof liegt in der Fraktion St. Moritz unterhalb des Dorfes Villanders und ist das zweite Bauernhaus oberhalb der Kirche. Zu Fuß ist der Hof am besten über den ausgeschilderten »Törggelesteig« zu erreichen (siehe dazu den Wandervorschlag Nr. 11).
Der Hof liegt auf einer Höhe von 700 Metern zwar sonnig, doch ist dies für den Rotwein im Eisacktal schon die obere Grenze. Der Eigenbau ist hier ein echter Bauernwein aus Vernatsch und – damit er spritziger wird – weißen Trauben sowie Portugieser, damit der Wein Farbe bekommt. Aus Eigenproduktion stammt beim Obergasser fast alles: Speck, Kaminwurzen, Kraut, Kastanien, Apfel- und Holundersaft. Hausgemacht sind Spinatknödel, Schlutzer, Käseknödel und Gerstsuppe. Danach ißt man am besten den Bauernschmaus mit Wurst, Kraut, Knödeln und Fleisch oder den Bauernbraten mit Rippelen und weißen Knödeln. Auch bei den Krapfen gibt es eine große Auswahl: Eisacktaler mit Zwetschgen-, Marillenmarmelade oder Mohnfülle. Spezialität: grüne Krapfen, mit Spinat gefüllt, werden frisch aus der Pfanne serviert.

Obergasser
St. Moritz 17,
Villanders
I: Fam. Niederstätter
☎ 0472/843153
B: von September bis Dezember.
Ö: mittags und abends; kein Ruhetag.
Bauernbuschen; Vormerkung ist notwendig, mittags ohne Vorbestellung keine warmen Gerichte.

Larbhof (Villanders)

Der Bauernbuschen liegt auf 780 Metern Höhe in der Fraktion St. Moritz, unmittelbar neben der Kirche. Im Haus sind 40 Sitzplätze in einer 200 Jahre alten getäfelten Stube.
Die Zufahrt erfolgt nicht über das Dorf Villanders, sondern am besten von der Staatsstraße auf halbem Weg zwischen der Auf-

Larbhof
St. Moritz Nr. 18,
Gem. Villanders
I: Fam. Winkler
☎ 0472/843163
B: Ende September bis Ende Dezember.
Ö: mittags und abends durchgehend; kein Ruhetag. Vormerkung möglich, für Gruppen notwendig.

fahrt nach Barbian und Klausen. Wer von Süden kommt, zweigt nach dem »Kalten Keller« links ab und fährt etwa zweieinhalb Kilometer aufwärts. Die direkte Zufahrt für Busse ist nicht möglich, doch beträgt die Gehzeit vom Parkplatz lediglich fünf Minuten.
Der Hof liegt am sogenannten Sauderer Weg, dem alten Weg nach Villanders, bevor es die Autostraße gab. Der Wanderweg ist mit Nr. 14 markiert und führt von der Staatsstraße über Sauders nach Villanders.
Essen und Trinken: Der Eigenbau ist ein roter Bauernwein von ganz eigener Mischung aus Furner, Vernatsch, Zweigelt. Hausgemacht sind auch der Holundersaft, der Speck, die Würste und sogar der Graukäse.
Am Hof gedeihen auch die Barbianer Kastanien und Nüsse.
An warmen Speisen gibt es allerlei Typisches: Gerstsuppe, Schlutzer, Surfleisch und Kraut und die Eisacktaler Krapfen, gefüllt mit der hauseigenen Zwetschgenmarmelade.

Unterfurner (Villanders)

Der Unterfurner, ein Bauernbuschen in 600 Metern Höhe mit seinen 50 Sitzplätzen in drei Räumlichkeiten – zwei kleine Stuben und eine Veranda – ist einer der beiden Furnerhöfe und liegt in St. Stefan.
Zufahrt mit dem Pkw von Villanders, oder von der Eisacktalerstraße oder eine über St. Moritz. Mit dem Bus kann man nicht zum Unterfurner gelangen. Für diesen empfiehlt sich die Parkmöglichkeit in Villanders.
Der Hof ist zu Fuß am besten über den »Törggelesteig« zu erreichen (siehe dazu auch Wandervorschlag Nr. 11).
An Eigenbauweinen werden Müller-Thurgau, Portugieser und vor allem Furner ausgeschenkt. Diese Rebsorte ist eine lokale Besonderheit. Sie wird hier am meisten gekeltert und auch zunehmend wieder neu angepflanzt.
Essen: Ein kalter Vorspeisenteller ist schon wegen des hausgemachten Bauernspecks zu empfehlen. Schlutzkrapfen und Bauernplatte mit Schweinefleisch, Kraut, Würsten und Knödeln gehören auch hier zum geschätzten Standardrepertoire eines Bauernbuschen.
Die gebratenen Kastanien, die es hier im Herbst gibt, stammen von den hofeigenen Bäumen.

Unterfurner
St. Stefan 62,
Villanders
I: Rabensteiner
☎ 0472/843109
B: Oktober bis Mitte Dezember und Februar bis Anfang Mai.
Ö: mittags auf Bestellung, abends immer; kein Ruhetag. Vormerkung ist unbedingt notwendig am Abend. Für Gruppen ist der Betrieb ungeeignet.

Oberfurner (Villanders)

Die Furnerhöfe liegen in St. Stefan etwas unterhalb des Dorfes Villanders in sonniger Weinlage. Der Oberfurner ist ein Bauernbuschen in 650 Metern Höhe. Es stehen in zwei Bauernstuben 65 Sitzplätze zur Verfügung; eine davon ist eine 400 Jahre alte Tiroler Bauernstube, die andere ist neu getäfelt. Im Freien gibt es keine Sitzgelegenheit.
Die Zufahrt ist über St. Moritz für Pkw und Bus möglich. Zum Wandern lädt hier besonders der »Törggelesteig« ein, der die Weinhöfe von St. Moritz und St. Stefan mit Villanders verbindet (siehe dazu Wandervorschlag Nr. 11).
Der Oberfurner ist ein sehr alter Bauernhof, von dem die Rebsorte und der gleichnamige Wein »Furner« ihren Namen bekommen haben. Diese Rebe wird wieder verstärkt angebaut, weil sie sich für diese Lage im Eisacktal gut eignet. Aber beim Oberfurner gibt es auch anderes zu verkosten: Sylvaner, Müller-Thurgau, Gewürztraminer und bei den Roten natürlich Furner, Portugieser und Vernatsch – man könnte hier geradezu eine Eisacktaler Bauernweinverkostung abhalten. Aus der Eigenproduktion stammen auch Speck, Würste, Butter und Käse.
Warme Gerichte: Leberknödel, Speckknödel, Schlutzkrapfen, Käsenocken, Gerstsuppe, Surfleisch, Hauswurst mit Kraut. Zum Abschluß empfehlen sich Krapfen mit Marmelade- und Mohnfüllung und natürlich gebratene Kastanien.

Oberfurner
St. Stefan 60,
Villanders
I: Fam. Kainzwalder
☎ 0472/843332
B: von Oktober bis Dezember und Jänner bis März.
Ö: mittags und abends ab 18 Uhr; kein Ruhetag.
Bauernbuschen; Reservieren lohnt sich; Gruppen sind willkommen, aber nur auf Voranmeldung.

Unterrainer (Villanders)

Der Hof in 700 Metern Höhe bietet 50 Sitzplätze in einer Stube, die zwar neu ist, aber nach alten Zeichnungen und entsprechendem Muster getäfelt wurde. Weiters gibt es Sitzgelegenheiten auf der Terrasse.
Die Zufahrt mit dem Pkw ist über die Villanderer Straße möglich: Kurz vor dem Dorf führt die Straße über eine Brücke, kurz darauf biegt man links ab. Parkplatz ist vorhanden, nur Busse müssen im Dorf geparkt werden.
Der Unterrainer liegt in der Frakton St. Stefan unterhalb vom Dorfkern von Villanders am Wanderweg Klausen–Villanders, einem historischen Verbindungsweg zwischen Tal- und Berggemeinde, auf dem jahrhundertelang Menschen und Waren verkehrt sind. Die Straße ist erst wenige Jahrzehnte alt.

Unterrainer
St. Stefan 56,
Villanders
I: Fam Obermarzoner
☎ 0472/53245
B: Mitte September bis Goldenen Sonntag.
Ö: mittags und abends durchgehend, Montag Ruhetag.
Buschenbetrieb; Vormerkung ist immer notwendig, Gruppen sind auch willkommen.

In St. Stefan und St. Moritz liegen die Weinhöfe und Törggelebetriebe. Der »Törggeleweg« (siehe Wandervorschlag Nr. 11) ist ein Wanderweg, der diese Betriebe miteinander verbindet und als Rundwanderung genutzt werden kann.
Der Hof bietet fast ausschließlich eigene Produkte. Der Weißwein ist ein Sylvaner, der, um ihn spritziger zu machen, auch mit kleinen Mengen Portugieser gemischt wird.
Es gibt hier einen besonderen Bauernwein: den Hatlinger, mit Vernatsch gepaart. Der Neue Wein (»Nuie«) ist von allem der Portugieser. Hausgemachte Säfte: Apfel-, Himbeer-, Johannisbeer- und Holundersaft.
Hausgemacht sind auch der Speck und die Hauswürste, letztere werden wöchentlich frisch gemacht. Zu empfehlen sind der Törggeleteller mit Speck, Kaminwurzen und kaltem Surfleisch, Schlutzer, Gerstsuppe und Schweinefleisch mit Kraut. Auch das Kraut stammt vom Hof, und das ist im Frühherbst ein Kabis- (Weißkraut) und später ein Rübenkraut. Die Eisacktaler Bauernkrapfen muß man alle probieren, die mit Zwetschgen-, Himbeer-, Kastanien- und Johannisbeerfüllung. Gebratene Kastanien kann man als Vorspeise oder am Ende der Mahlzeit bekommen.

Loatererhof (Feldthurns)

Loatererhof
Tschiffnon 17,
Feldthurns
I: Fam. Kritzinger
☎ 0472/855505
B: im Oktober wird aufgesperrt, wenn der Wein zum Verkosten bereit ist; dann bleibt bis Weihnachten geöffnet.
Ö: mittags und abends durchgehend; kein Ruhetag.
Buschenbetrieb; Vormerkung ist möglich, für Gruppen notwendig.

Der Betrieb in 700 Metern Höhe ist gemütlich klein: 25 Sitzplätze stehen in einer alten, getäfelten Bauernstube zur Verfügung, und auf der Terrasse stehen zwei Tische im Freien.
Die Zufahrt mit dem Pkw erfolgt über die Straße Brixen–Feldthurns. Von Feldthurns kommend unterquert man am Dorfende eine Stadelbrücke (Auffahrt zum Wirtschaftsgebäude); hier geht es rechts ab und einen Kilometer abwärts zum Hof. Die Zufahrt mit dem Bus ist nicht möglich.
Der Hof liegt auch nicht direkt an einem Wanderweg. Man kann den Loaterer zu Fuß von Feldthurns über den Höfeweg erreichen oder auf dem alten Verbindungsweg von Schrambach herauf, (Wegmarkierung »H«). Es besteht auch die Möglichkeit zu einer Rundwanderung: Von Schrambach folgt man Weg »H« zur Pfarrkirche in Feldthurns, dann dem Weg Nr. 9 abwärts zum Drumbühel und weiter bis zur Verbindungsstraße Untrum–Schrambach. Auf dieser gelangt man zurück zum Ausgangspunkt.
Beim Loatererhof wurde der Südtiroler Freiheitskämpfer von 1809, Peter Mair, der »Wirt an der Mahr«, gefangengesetzt; eine

Törggelelandschaft klassisch: Kastanienhain bei Feldthurns.

Tafel an der Hausmauer des Hofes erinnert an das historische Ereignis. Das Wirtshaus an der Mahr selbst liegt an der alter Brennerstraße kurz vor Brixen.
Am Loatererhof wird das meiste selbst produziert: der Wein, die Säfte, der Speck, die Hauswürste, die Kaminwurzen und die Kastanien. Eigenbauweine: Müller-Thurgau, Blatterle, Sylvaner; der Portugieser wird hier mit Sylvaner spritziger gemacht. Warme Gerichte: hausgemachte Schlutzer, Gerstsuppe, Hauswurst, Surfleisch, Krapfen, gebratene Kastanien. Es empfiehlt sich, die Spinatkrapfen zu probieren.

Koflerhof (Feldthurns)

Der Hof liegt auf 750 Metern in der Fraktion Tschiffnon (der Name verrät lateinischen Ursprung) und bietet 40 Sitzplätze in zwei kleinen, getäfelten Stuben. Er ist über dieselbe Zufahrt zu erreichen wie der vorangehend beschriebene Loatererhof. Von der erwähnten Abzweigung am Feldthurnser Ortsende sind es etwa 700 Meter hinab.
Zu Fuß ist er ebenso von Schrambach herauf zu erreichen (siehe die beim Loatererhof beschriebene Rundwandermöglichkeit und auch Wandervorschlag Nr. 3).
Eigenbauweine: Kerner, Müller-Thurgau und als Rotwein ein Lagrein, der zugekauft, aber am Hof gekeltert und abgefüllt wird.

Koflerhof
Tschiffnon 16,
Feldthurns
I: Fam. Gschnitzer
☎ 0472/855351
B: von Oktober bis Dezember.
Ö: warmes Essen gibt es nur abends; mittags und nachmittags kann man zu einer Jause einkehren; kein Ruhetag. Bauernbuschen; Vormerkung ist erwünscht.

Der Hof und auch das Weingut sind klein, es kann also durchaus vorkommen, daß der Weißwein schon früh zu Ende geht.
Es gibt einen hausgemachten Speck, Käse, Surfleisch mit Kraut und eigenen Würsten, Feldthurnser Krapfen und gebratene Kastanien sowie, auf Vorbestellung, Bauernbraten.

Kropfsteinerhof
Untrum 151,
Feldthurns
I: Fam. Dorfmann
☎ 0472/847259
B: von Ende September bis Ende November.
Ö: mittags nur für vorbestellte Gruppen, abends immer; kein Ruhetag.
Vormerkung ist notwendig, denn dieser Betrieb wird von Einheimischen und Gruppen stark besucht.

Kropfsteinerhof (Feldthurns)

Der Kropfsteiner ist ein Bauernbuschen auf 750 Metern Höhe. In dem neu erbauten Bauernhaus stehen 50 Sitzplätze in einer mit altem Holz getäfelten Stube zur Verfügung. Es liegt in Untrum unterhalb des Dorfes direkt an der Straße nach Feldthurns. Untrum, das sind die sonnigen aber steilen Weinhänge an der Mittelgebirgsterrasse, auf der das Feriendorf Feldthurns liegt.
Der Hof liegt nicht direkt an einem Wanderweg, aber oberhalb, zwischen Verdings und Feldthurns, gibt es reichlich Wander- und Spazierwege, die besonders im Herbst schön sind, weil es hier noch viele stattliche Kastanienbäume gibt, die diese Kulturlandschaft mitbestimmen – hoffen wir, noch lange.
Der Bauer produziert selbst: Wein, Speck, Würste, Kastanien, Erdäpfel und Apfelsaft. Den Eigenbau keltert er aus Portugieser und Müller-Thurgau, der Weißwein stammt aus der örtlichen Kellerei.
Essen: Speck mit warmen Kartoffeln, Wurst mit Kraut, Surfleisch, Krapfen und natürlich gebratene Kastanien.

Moarhof
Schrambach,
Feldthurns
I: Fam. Edenhauser
☎ 0472/855232
B: September bis Ende November.
Ö: mittags und abends; Montag Ruhetag.
Bauernbuschen; Vormerkung ist möglich, für Gruppen notwendig.

Moarhof (Feldthurns)

Der Hof liegt auf 560 Metern in der Fraktion Schrambach unterhalb der Mittelgebirgsstufe von Feldthurns mit seinem historischen Gebäude-Ensemble am Kirchhügel. In zwei kleinen getäfelten Stuben haben 45 Personen Platz, im breiten Gang können weitere Tische für 15 Personen aufgestellt werden und auf der Holzterrasse haben nochmals 40 Personen Sitzgelegenheiten.
Die Zufahrt mit dem Pkw erfolgt von der Eisacktaler Staatsstraße aus: Von Norden kommend, fährt man beim Gasthaus »Rudi« rechts hinauf nach Schrambach (also nicht nach Feldthurns). Der Hof liegt 150 Meter oberhalb der Straße. Parkmöglichkeiten für Busse an der Staatsstraße.
Für die Wanderung siehe die Beschreibung beim Abschnitt über den Loatererhof, Rundwanderung nach Feldthurns (S. 94).

Eigenbauwein: Sylvaner und ein roter Bauernwein mit typischer Eisacktaler Mischung. Hauseigener Apfelsaft. Zur Marende gibt es eine gemischte Platte. Weiters werden angeboten: Schlutzkrapfen, Käsenocken, Gerstsuppe, Hauswurst mit Kraut, gebratene Kastanien und Eisacktaler Krapfen. Auf Vorbestellung gibt es auch Rippelen.

Putzerhof (Lajen)

Das Anwesen liegt auf 700 Metern im Lajener Ried, also jener Fraktion der Gemeinde Lajen, wo sich die Weinbauernhöfe und Bauernbuschen aneinanderreihen. In der alten getäfelten Stube sind 50 Sitzplätze und im breiten Eingang stehen noch einmal Tische für 20 Personen. Der Hof ist einmal abgebrannt, die Täfelung der Stube ist also älter als der neuerbaute Hof, und der großzügige und gewölbte Eingang zeugt von einem gewissen Reichtum und einer Noblesse früherer Tage.
Der Putzer ist mit dem Auto über die alte Straße von Waidbruck aus erreichbar; zwischen dem Unter- und Oberfinserhof fährt man rechts ab. Der Bus kann vorher bei der Schule abgestellt werden, es sind von dort zu Fuß nur zehn Minuten bis zum Hof. Auch von der Grödner Straße herab erreicht man mit dem Auto den Hof.
Wanderer von Lajen herunter oder nach Lajen hinauf biegen ebenfalls beim Unterfinser ab zum Putzerhof.
Der Buschen produziert selbst: den Rotwein, ein klassischer Bauernwein aus Portugieser, Vernatsch, Furner und Blatterle, Speck, Würste, Kastanien und Nüsse. Der Sylvaner ist von der Eisacktaler Kellerei.
Essen: Speck und Käse am Brettl, Schlutzkrapfen, Käseknödel, Surfleisch, gebratene Rippelen, Krapfen, Strauben.

Putzerhof
Lajen-Ried
I: Fam. Runggatscher
☎ 0471/655785
B: Mitte September bis Mitte Dezember.
Ö: mittags und abends; kein Ruhetag.
Bauernbuschen; Vormerkung ist erwünscht, vor allem abends und selbstverständlich für Gruppen.

Troglerhof (Lajen)

Der Bauernhof auf 750 Metern liegt in Ried, der tiefer gelegenen Fraktion der Gemeinde Lajen, wo es mehrere hier beschriebene Törggelehöfe gibt. Die Sitzplätze für 40 Personen verteilen sich auf zwei getäfelte Stuben: eine kleine sehr alte und und eine größere, in Zirmholz getäfelte Stube aus neuerer Zeit. Auf der kleinen Terrasse im Freien ist für weitere 15 Personen Platz.
An der Außenwand des Gehöftes hängt ein altes Kruzifix, es

Troglerhof
Lajen-Ried
I: Fam. Rabensteiner
☎ 0472/654180
B: September bis März.
Ö: mittags und abends; kein Ruhetag.
Buschenschank; Vormerkung ist an Wochenenden notwendig, kleinere Gruppen bevorzugt.

wurde aus dem Eisack geborgen und vom Finder an die Hausmauer genagelt. Man weiß heute, daß es aus Sterzing stammt und von dort bei einer Überschwemmungskatastrophe weggerissen und vom reißenden Eisack in Waidbruck angeschwemmt wurde.
Die Zufahrt zum Trogler ist mit Pkw oder Bus von Waidbruck aus Richtung Lajen möglich; oder man fährt von der neuen Grödner Straße hinunter.
Zu Fuß ist er über den Wanderweg Nr. 35 von Waidbruck über Lajen erreichbar. Dieser Hof eignet sich als Einkehrstätte auch bei einer großen Rundwanderung von Klausen aus (siehe dazu Vorschlag Nr. 10).
Der Troglerbauer keltert einen typischen Bauernwein, der vorwiegend aus Portugiesertrauben stammt, zu denen er auch die weißen Trauben mischt; dadurch wird er spritziger, sprich: süffiger.
Auf der Karte stehen Bauernspeck, Schlutzkrapfen, Rippelen, Surfleisch, Hauswurst, alles hausgemacht. Die Kastanien gibt es beim Trogler gebraten, aber auch gekocht. Die gekochten Kastanien werden übrigens selten angeboten, auch wenn sie bekömmlicher sind – aber vielleicht machen sie dann weniger Durst …

Oberfinserhof (Lajen)

Oberfinserhof
Ried 151; Lajen
I: Fam. Fill
☎ 0472/654398
B: 15. September bis 15. Dezember.
Ö: mittags und abends; kein Ruhetag.
Buschenschank; Vormerkung ist notwendig, vor allem für Gruppen.

Der Oberfinser ist ein echter Eisacktaler Törggelehof, der an der Straße von Waidbruck nach Lajen liegt, im sogenannten Lajener Ried, also in jener Gegend, wo auch der Vogelweiderhof steht. Es wird vermutet, daß Walther von der Vogelweide aus dieser Gegend stammt, zumindest haben die deutschen Romantiker im letzten Jahrhundert hier nach seiner Herkunft gesucht.
Der Parkplatz liegt an der Straße, der Hof versteckt sich unterhalb. Zu Fuß ist er von Waidbruck aus erreichbar über den Weg Nr. 35 bis zum Unterfinser; von hier sind es noch etwa 200 Meter der Straße entlang. Als Wanderziel siehe auch Vorschlag Nr. 10.
Der Hof ist angeblich 700 Jahre alt, hat eine sehr alte getäfelte Stube mit gut 45 Sitzplätzen und einem klassischen Bauernofen. Im hohen, breiten Gang werden im Herbst auch Tische aufgestellt für weitere 15 Personen, und im Freien stehen bei Bedarf auch noch zwei Tische.
Obwohl der Oberfinser nur kurz oberhalb von Waidbruck liegt und sozusagen am Eingang des Grödner Tales, ist er einfach und

»Kniekiechl«, eine delikate Variation zum Thema Nachspeisen.

ursprünglich geblieben. Das Echte beherrscht hier auch Tisch und Keller.
Der Eigenbauwein ist rot, und zwar ein Furner aus der gleichnamigen Lajener Rebe, und ein Portugieser. Es gibt hausgemachten Holundersaft und Zitronensirup. Letzterer soll sehr bekömmlich sein, wenn man zu tief ins Rotweinglas geschaut hat.
Es gibt einen hausgemachten Speck, von dem wollen die Wirtsleute aber nur wenig abgeben, doch auch der zugekaufte schmeckt gut. Schlutzkrapfen, Gerstsuppe, Speckknödel erschweren die Wahl. Dazu gibt es Surfleisch und Kraut, Hauswurst und Rippelen. Bewahren Sie sich noch einen Hauch Appetit für die Krapfen mit Zwetschgenfülle und die Tirtlen, alles wird hier nach der Bestellung frisch gemacht und noch warm serviert. Kastanien gibt es ab Oktober, und Nüsse kann man schon als Vorspeise essen.

Lafreiderhof (Kastelruth)

Im Bauernhaus finden etwa 45 Leute Platz, davon 20 in der alten und 25 in der neuen Stube (beide sind mit altem Holz getäfelt). Auf der Terrasse stehen zwei Tische für etwa 15 Personen zur Verfügung.
Der Lafreiderhof ist ein Einzelhof in der Kastelruther Fraktion Tisens (Betonung liegt auf dem e, um es nicht mit Tisens bei

Lafreiderhof
Tisens 31, Kastelruth
I: Fam. Schieder
☎ 0471/706570
B: 15. September bis 15. Dezember.
Ö: mittags und abends; Montag ist nicht bindend Ruhetag, aber man muß vorher anrufen.
Buschenschank.

Meran zu verwechseln), liegt in einer Höhe von 580 Metern über Kastelruth.
Das Anwesen ist von der Brenner-Staatsstraße von Waidbruck aus mit dem Pkw erreichbar. Busse sollten auf der Hauptstraße oder in Kastelruth parken, es sind nur zehn Minuten zu Fuß bis zum Hof. Wanderempfehlung: siehe Beschreibung Puntschakofelweg (Nr. 12).
Der Lafreiderhof gehört mit dem Tschötscher in St. Oswald zu den ältesten des Eisacktales und wurde schon 1312 urkundlich erwähnt, und zwar im Zusammenhang mit einem gewissen Ritter von Schieder. Die Namensgleichheit mit dem heutigen Besitzer allerdings ist zufällig.
Der Wein beim Lafreider ist Eigenbau mit einer typischen Eisacktaler Vielfalt: Blatterle, Sylvaner, Müller-Thurgau, Portugieser mit Ruländer, Vernatsch und Furner und die seltene Goldbeere.
Als echter Buschenschank bietet er eigene Produkte: Speck, Butter, Kartoffeln, Nüsse, Kastanien. Zur Marende ist deshalb eine Brettljause mit diesen Zutaten zu empfehlen. Weiters gibt es Schweinefleisch mit Kraut und Knödeln, Kastelruther Krapfen mit Kloatzenfüllung (getrocknete Früchteschnitten) und ab Oktober natürlich gebratene Kastanien.

Tschötscherhof (Seis am Schlern)

Das Gasthaus in 740 Metern Höhe verfügt über 50 Sitzplätze in zwei Stuben; beide sind getäfelt, eine davon ist eine jahrhundertealte Bauernstube. Weiters stehen auf einer großen Terrasse 50 Sitzplätze an rustikalen Tischen zur Verfügung.
Der Hof liegt in St. Oswald, einer Fraktion der Gemeinde Seis/Kastelruth, in der Mittelgebirgslandschaft zwischen der Eisackschlucht und der Hochfläche am Schlern.
Zufahrt mit dem Pkw oder mit Kleinbus am besten über Seis; Parkplatz ist vorhanden.
Der Tschötscher ist von Seis aus auch zu Fuß über die wenig befahrene Straße erreichbar (Markierung Nr. 7). Die beste Wandermöglichkeit bietet der Puntschakofelweg Nr. 5 von Kastelruth aus als Rundwanderung und wieder zurück nach Seis (siehe Wandervorschlag Nr. 12). St. Oswald erreicht man auch von der Brenner-Staatsstraße aus: Von der Kastelruther Haltestelle (heute hält hier kein Zug mehr) folgt man einem altem Pflasterweg, der steil nach oben führt.

Tschötscherhof
St. Oswald 19; Seis am Schlern
I: Michael Jaider
☎ 0471/706013
B: von 1. März bis Ende November durchgehend geöffnet.
Ö: mittags und abends; kein Ruhetag.
Gasthaus.

Der Tschötscherhof stammt urkundlich aus dem 14. Jahrhundert und gehört somit zu den ältesten Höfen im Eisacktal. Erst vor kurzem konnten die 500 Jahre des Bestehens gefeiert werden. Der Hof ist seit 1855 in Familienbesitz.
Der Wein ist ein Eigenbau, vorwiegend aus Portugiesertrauben. Es gibt auch selbstgemachten Apfelsaft sowie Speck, Würste, Eier und Butter aus der bäuerlichen Eigenproduktion.
Unter den warmen Gerichten besteht die Wahl zwischen Schlutzkrapfen, Käseknödeln, Rippelen, Zwetschgenschmarrn, Plentener Ribler, Kaiserschmarrn, Kastelruther Krapfen (mit Birnen- und Zwetschgenschnitzen). Etwas Besonderes ist der Speckschmarrn. Ab Oktober gibt es gebratene Kastanien.

Fronthof (Völs am Schlern)

Der Fronthof ist ein altes Bauerngehöft und steht unter Denkmalschutz. Er liegt auf 800 Metern in Völser Aicha, der Fraktion der Gemeinde Völs, in der auch das Schloß Prösels steht, das auf alle Fälle besichtigt werden sollte. In der alten, getäfelten Stube mit Ofen ist Platz für 50 Personen, im Freien steht auch ein Tisch für die warme Mittagsstunde.
Die Zufahrt erfolgt über Prösels (also nicht bis ins Dorf Völs fahren) und weiter nach Aicha. Mit dem Pkw ist die Zufahrt bis zum Hof, der unterhalb der Straße liegt, möglich, für Busse nicht. Von der Hauptstraße ist es zu Fuß eine Viertelstunde bis zum Hof.
Für die Wanderer stehen im Gebiet eine Unzahl von Möglichkeiten offen. Je nach Wetterlage kann man im Spätherbst auch noch Bergwandern, z. B. nach Völs, zum Völser Weiher und über Ums nach Prösels und Aicha.
Eine gemütliche Wanderung führt von Völs auf Weg Nr. 6, unterhalb von Ums vorbei, nach Prösels und Aicha.
Unweit vom Hof liegt der Weingarten, der für diese Höhenlage einen erstaunlichen Rotwein liefert. Der Portugieser ist mit Sylvaner und Veltliner vermischt.
Hausgemacht sind auch der Speck und die Würste, weiters der Apfel- und Himbeersaft.
Essen: Speck und verschiedene Käse am Brettl, Schlutzkrapfen und Spinatknödel als »Bis« (Auswahl von zwei Gerichten) im Teller, Surfleisch, Hauswurst mit Kraut, Speckknödel, Kirchtagskrapfen mit Kloatzenfülle und gebratene Kastanien.

Fronthof
Völser Aicha 5, Völs am Schlern
I: Fam. Kompatscher
☎ 0471/601091
B: von September bis Weihnachten.
Ö: mittags und abends durchgehend; kein Ruhetag.
Bauernbuschen; Vormerkung ist erwünscht, für Gruppen notwendig.

Überetsch und Südtiroler Unterland

Südlich von Bozen und an der Südtiroler Weinstraße ist der Wein zu Hause. Das zusammenhängende Weingebiet von Eppan, Kaltern, Tramin und Kurtatsch erzeugt den Großteil des Südtiroler Qualitätsweines, allen voran der Raum um den Kalterer See. Oh je, wird mancher sagen, Kalterer See und Qualitätswein, das reimt sich nicht. Aber keine Angst, die Weinkrise war so einschneidend, daß sich das Panschen nicht mehr lohnte. Das Bewußtsein, daß nur Wein mit Qualität seinen Käufer findet, ist bis zum letzten Erzeuger durchgedrungen. Hier, wie auch im restlichen Südtirol, wird der Wein vor allem von Genossenschaftskellereien (Konsortien) gekeltert und vermarktet.
Das Törggelen wurde nicht im Unterland erfunden, denn hier wurde der Wein nie so knapp wie in den Randgebieten des Weinbaues, und deshalb war man nicht so gierig auf den neuen Wein. Dieser Ansicht ist zumindest der Südtiroler Volkskundler Hans Fink, der den Brauch des Törggelens im Eisacktal angesiedelt wissen will.

Im »Süden Südtirols«

Daß Wein gleich Reichtum war, sieht man an der Weinstraße am deutlichsten. Die große Anzahl an Burgen, Schlössern, Edelsitzen und großen Gutshöfen mit bereits südländischer Architektur und zum Teil von italienischen Baumeistern errichtet, sind ein Beweis dafür. Dieser auch als Überetscher Baustil bekannte architektonische Anstrich charakterisiert die beiden Großgemeinden von Kaltern und Eppan mit den Einzeldörfern von St. Michael, St. Pauls, Girlan, Missian, Perdonig und Schreckbichl.
Eine weitere Spezialität Südtirols ist das Vorkommen unterschiedlichster Baustile auf engstem Raum – hier breite, wuchtig gemauerte Gutshöfe mit großen Erkern, Schmiedeeisen und in Marmor gefaßten Torbögen, und in Sichtweite am Salten die Einzelhöfe mit Wirtschaftsgebäuden aus Holz errichtet und vor noch nicht langer Zeit mit Stroh gedeckt.
Natürlich hat es die Begüterten hierher gezogen, nicht nur des Weines wegen, sondern weil das Etschtal hier am breitesten und sonnigsten ist. Die bayerischen Klöster haben im Überetsch ihren Meßwein gekauft und später sogar Weingüter erworben und selbst bearbeitet. Ob gar diese Mönche das Törggelen erfunden haben? Zum Verkosten jedenfalls sind sie alljährlich über den Brenner gezogen, das ist urkundlich belegt. Heutzutage ziehen

Zur gegenüberliegenden Seite:
Der Drescherkeller in Kaltern ist einer der typischen Überetscher Törggelebetriebe.

die Landschaft, das Klima und der Wein Touristen an, und das vorwiegend im Herbst.
In Kaltern wird nicht in der Bauernstube getörggelet, sondern man sitzt im Weinkeller und mittags im Freien – schließlich ist man im Süden. Getrunken wird weniger Eigenbau als vielmehr Landwein, der Bauer liefert die Trauben an die Genossenschaft und bezieht von dort seinen Wein. Deshalb wird die ganze Palette an Sortenweinen angeboten, vom Weißburgunder bis zum schweren Cabernet-Sauvignon, den man neuerdings auch in Barrique ausgebaut bekommt.
Zum eigentlichen Törggelen ist ein süffiger Vernatschwein bekömmlicher, weil er mit dem Speck besser harmoniert und von ihm größere Mengen trinkbar sind, ohne daß der fröhliche Zecher gleich in die Sphären des Bacchus entschwindet.
Die Betriebe liegen meist in den Dorfzentren, doch läßt sich ihr Besuch trotzdem mit den vielen Wandermöglichkeiten und Spaziergängen verbinden. Zu empfehlen ist vor allem der Überetscher Höhenweg, der in angenehmer Wegführung auf halber Höhe zwischen den Weindörfern und dem Mendelkamm entlangführt. Ein weiterer Wandervorschlag führt durch die Weinberge in den Montiggler Wald und über den Mitterberg.

Wandervorschlag Nr. 1: Eppaner und Kalterer Höhenweg

Dieser Überetscher Höhenweg quert den westlichen Abhang des Mendelkammes durch herrliche Mischwälder von Perdonig bis nach Graun oberhalb von Kurtatsch. Der Weg ist mit der Nr. 9 markiert, führt von Perdonig/Eppan hinauf und verläuft mehr oder weniger in gleichbleibender Höhe am Buchwaldhof vorbei bis Matschatsch, wo er die Mendelstraße überquert und von dort als Kalterer Höhenweg weitergeführt wird. Man unterquert auf diesem Teilstück die Standseilbahn zum Mendelpaß und gelangt nach Altenburg.
Der längste Teil des Weges besteht aus einer verkehrsfreien Forststraße. In Altenburg geht es ein Stück der Fahrstraße entlang bis zur rechtsseitigen Abzweigung über eine weitere Forststraße (Mark. Nr. 9), die bis nach Graun führt.
Von dort steigt man nach Kurtatsch oder über den Lochweg nach Tramin ab.
Der Höhenweg wird selten in seiner ganzen Länge begangen, weil es schwierig ist, zum Ausgangspunkt zurückzukehren (Ver-

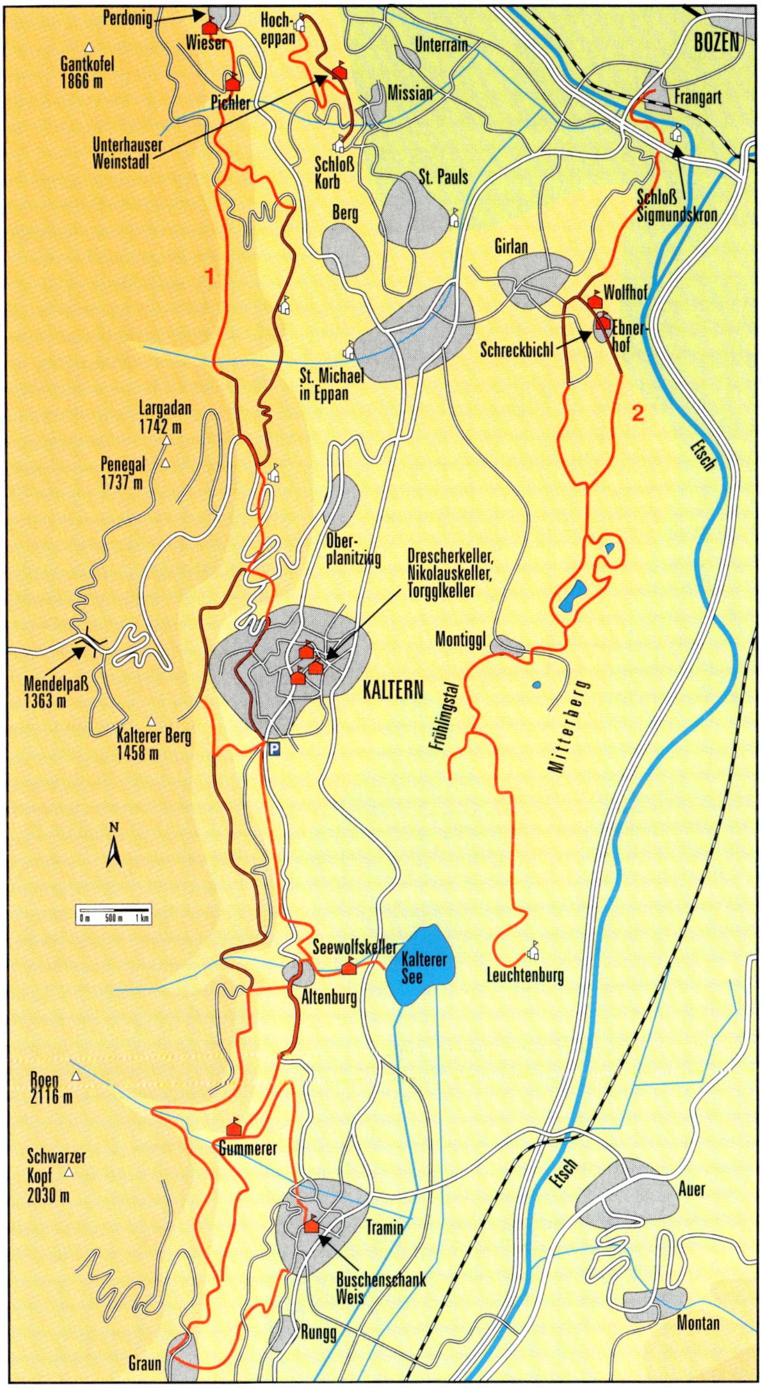

Der »Süden Südtirols«, das Zentrum des Weinbaus.

kehrsmittel), aber man kann ihn in mehrere Rundwanderungs-Varianten aufgliedern. So z. B.:

a) Vom Steinegger (Gasthaus) hinauf nach Matschatsch, dann auf dem Höhenweg nach Buchwald und Abstieg (Nr. 536) zum Weg 8B, der zwischen Reben und Wald entlang zum Steinegger zurückführt. (Gehzeit. 2 1/2 Std.)

b) Vom Sportplatz in Kaltern auf dem Waldweg Nr. 11 nach Altenburg. Dieser Weg führt durch die Rastenbachklamm über einen gut ausgebauten und gesicherten Steig hinauf zur prähistorischen Siedlungsstätte Altenburg mit ihren Resten einer sehr alten Kirche und einer Opferstätte. St. Peter ist der Name des Schutzheiligen, was als ein Beleg dafür anzusehen ist, daß es sich um eine frühchristliche Kirche handelt.

Vom Hügel wandert man zurück zur Scharte, hinauf zum Dorf Altenburg und auf Weg Nr. 9 weiter zum Höhenweg.

Der Kalterer Höhenweg ermöglicht vier Abstiegsvarianten, die alle wieder zum Sportplatz zurückführen. Die längste Variante führt bis nach Matschatsch. (Gehzeit: 3 Std.)

c) Von Tramin nach St. Jakob in Kastelaz (sehr interessante Fresken aus karolingischer Zeit, genannt »Bestiarien«) und rechts hinauf Richtung Söll, auf dem Höhenweg südwärts bis Graun und von dort auf dem Lochweg zurück nach Tramin. (Gehzeit: 3 Std.)

Was hat sich erhalten von der Glut der Sonne? Farbprobe beim Verkosten des neuen Jahrgangs.

Wandervorschlag Nr. 2: Sigmundskron–Leuchtenburg

Das Gegenstück zum »Überetscher Höhenweg« sind die Wanderungen durch die Weingärten in Girlan und Schreckbichl, zum Rungghof und durch den Montiggler Wald zu den gleichnamigen Seen oder über den Mittelberg bis zur Leuchtenburg.
a) Der Wanderweg Nr. 1 beginnt unmittelbar hinter der Etschbrücke in Sigmundskron, führt hinauf zum Schloß Sigmundskron (T) und durch üppige Weingärten zum Marklhof (feines Restaurant) nach Schreckbichl (Wolfhof, Ebnerhof; T).
Anschließend geht es durch den typischen Mischwald von Montiggl bis zum Großen Montiggler See. Es empfiehlt sich die Umrundung dieses stillen Waldsees, denn dieser Weg schließt auch die Umrundung des Kleinen Montiggler Sees ein, der ebenfalls rechtsseitig umgangen wird, damit man wieder auf die Forststraße gelangt. Man geht diesen Weg, den wir bereits kennen, ein Stück zurück, zweigt dann links ab und folgt der Beschilderung »Rungghof«. Von dort geht es weiter nach Girlan, wo wir rechts abbiegend wieder zur Wegmarkierung Nr. 1 zurückgelangen. (Gehzeit: etwa 3 Std.).

Blumenpracht und eine Architektur, die verrät, daß Weinbau seit jeher Wohlstand verheißen hat, prägen die Ortsbilder an der Südtiroler Weinstraße.

Man kann natürlich bis zum Rungghof oder nach Schreckbichl fahren und von dort die Rundwanderung beginnen.
b) Mit dem Auto oder Bus von St. Michael-Eppan zum Montiggler See (mehrere Parkplätze). Am unteren Ende des Sees quert man den Schilfgürtel und geht rechts weiter Richtung Montiggl-Dorf. Der Weg Nr. 20 führt durch Mischwald ins Frühlingstal (besonders im Februar und März zu empfehlen, weil es hier besonders früh blüht). An der Forststraße angelangt, verlassen wir das Frühlingstal und folgen derselben über ausgeschilderte Wege zum Sattel, queren die Straße, die das Etschtal mit dem Kalterer See verbindet, und steigen ein kurzes, aber steiles Wegstück hinauf zur Ruine der Leuchtenburg, die den Kalterer See beherrscht.
Für den Rückweg gibt es verschiedene Varianten, und man kann sich entlang des Weges für die eine oder andere entscheiden, denn die Beschilderung ist gut. (Gehzeit: 2 1/2 Std.).

Törggelebetriebe im Süden Südtirols

Pichlerhof (St. Pauls)

Der Hof liegt vor Perdonig auf halbem Weg zwischen den Höfen Buchwald und Wieser. Er hat zwei Stuben und eine geschlossene Veranda für insgesamt 60 Personen. Die drei Räumlichkeiten mit zweimal je 25 sowie einmal 15 Sitzplätzen sind gemütlich klein. Dafür gibt es einen großen Garten, wo weitere 60 Personen an rustikalen Tischen Platz finden.
Die Zufahrt zum Hof erfolgt von St. Michael/Eppan die Perdoniger Straße hinauf und einen Kilometer nach dem kleinen Stausee links ab über die Zufahrt Buchwald.
Der Pichlerhof ist auch als Wanderziel geeignet, wenn man den Wandervorschlag Nr. 1a verlängert und ab Buchwald dem Weg Nr. 8 nach Perdonig folgt. Die Rundwandermöglichkeiten sind vielfältig und brauchen hier nicht eigens aufgezählt werden, denn die Beschilderung ist sehr gut.
Der alte Bauernhof liegt hart an der Weinbaugrenze, aber der Eigenbau, ein Vernatsch, der hier ausgeschenkt wird, stammt vom Unterhauser in Missian und wird vom Schwiegersohn der Familie dort eingekellert. Die Weißweine sind Sortenweine von der Kellerei Schreckbichl.

Pichlerhof
Perdonig 9,
St. Pauls-Eppan
I: Fam. Pichler
☎ 0471/662255
B: ganzjährig geöffnet.
Ö: von Oktober bis Dezember kann man hier ganztägig törggelen; Dienstag Ruhetag.
Gasthaus; Vormerkung für die Stuben möglich, für Gruppen notwendig.

Törggelen findet im Unterland traditionell in Weinkellern statt.

Es gibt eine kalte und warme Hausplatte: Speck, Kaminwurzen, Käse oder Selchkarree mit Kraut sowie schwarzplentene Knödel. Der Speck ist hausgemacht – eine Seltenheit für ein Überetscher Gasthaus, aber die Wirtin stammt aus dem Passeiertal, und dort ist bekanntlich der gute Bauernspeck zu Hause. Gebratene Kastanien gibt es ab September.

Wolfhof (Girlan)

Wolfhof
Schreckbichl 31, Girlan; Eppan
I: Fam. Marseiler
☎ 0471/664596
B: von der Osterwoche bis Allerheiligen.
Ö: mittags und abends durchgehend bis 24 Uhr geöffnet; Montag Ruhetag.
Buschenschank; Vormerkung möglich und am Wochenende notwendig, vor allem für Gruppen.

Der Hof liegt im Weindorf Schreckbichl in der Großgemeinde Eppan, die eigentlich aus vielen kleinen Dorfeinheiten besteht, die ihrerseits einen gewissen Stolz entwickelt haben. Schreckbichl ist das kleinste dieser Dörfer und hat sich mit seinem Wein einen Namen gemacht. In der halbgetäfelten Kellerstube mit freiem Gewölbe finden etwa 30 Personen Platz. Im Freien stehen noch weitere 40 Plätze unter einer überdachten Laube und 30 unter einem Nußbaum zur Verfügung.
Die Zufahrt ist mit dem Pkw möglich: Man fährt in St. Michael bei der ersten Ampel links ab nach Girlan und weiter nach Schreckbichl. Parkplatz ist vorhanden. Busse können gleich neben der Kirche halten.
Der Hof liegt direkt am Wanderweg laut Vorschlag Nr. 2, der weiter durch den Montiggler Wald zum See führt.
Der Wolfhof ist ein alter typischer Weinhof des Überetsch, der

sogar noch selber einkellert, was in dieser Gegend nicht mehr selbstverständlich ist. So gibt es als Eigenbau einen Weißburgunder, einen Ruländer und einen Pfefferer sowie als Rotwein einen Vernatsch und auch einen Suser.
Hausgemacht sind auch die Säfte aus Himbeere, Johannisbeere, Äpfeln und Trauben.
Der Speck wird zwar nicht selber hergestellt, was übrigens in dieser Weingegend allgemein äußerst selten ist, aber im eigenen Keller luftgetrocknet.
Zu empfehlen sind neben der Brettljause mit Speck, Käse und Kaminwurzen auch die warmen Gerichte: Spinatknödel und vor allem die Pilzknödel, Schlutzer, Omelette und Hauswurst mit Kraut und (auf Vorbestellung) Schlachtplatte. Ab Oktober gibt es gebratene Kastanien.
Beim Wolfhof ist es natürlich das ganze Jahr über schön, im Freien zu sitzen, aber im Herbst ist es hier besonders angenehm.

Wieserhof (Perdonig)

Der Wieserhof ist ein über 400 Jahre alter Bauernhof und bereits 200 Jahre im Besitz derselben Familie. Deshalb wurde ihm die Auszeichnung »Erbhof« erteilt, wie die entsprechende Plakette an der Hauswand verrät. Es gibt über die Erbhöfe ein eigenes Landesverzeichnis mit Chronik. Am Hof stehen zwei herrliche Ahornbäume und es gibt, für ein traditionelles Bauerngasthaus typisch, eine Kegelbahn im Freien.
Das Gasthaus bietet für 60 Personen Platz, und zwar in einem Speisesaal und in einem kleinen getäfelten Stübchen mit 20 Sitzplätzen. Weiters stehen im Freien auf zwei Terrassen für weitere 45 Personen Sitzgelegenheiten zur Verfügung.
Der Wieserhof liegt ein wenig oberhalb der Straße in Perdonig und ist mit dem Pkw und dem Bus erreichbar. Parkplätze sind vorhanden.
Perdonig ist eine winzige Bergfraktion der Großgemeinde Eppan, ein bißchen versteckt, wenngleich nur wenige Autominuten vom quirligen Dorfzentrum in St. Michael entfernt.
Perdonig erreicht man auch zu Fuß, am besten über Schloß Hocheppan. Von Perdonig aus geht man der Fahrstraße entlang Richtung Süden bis zum kleinen Stausee und steigt von dort über die Ruine Boymont wieder ab nach Missian. Wer nach Perdonig mit dem Auto fahren will, kann eine der beschriebenen

Wieserhof
Perdonig 29; Eppan
I: Fam. Peter Mayr
☎ 0471/662376
B: von Josefi (19. März) bis Ende November.
Ö: mittags und abends; Mittwoch Ruhetag.
Vormerkung ist am Wochenende absolut notwendig, auch Gruppen sind willkommen.

Rundwanderungen machen oder die Einkehr beim Wieser mit einer Wanderung auf dem Eppaner Höhenweg über Buchwald verbinden (Weg Nr. 9).
Im Herbst wird ein Eigenbauwein ausgeschenkt, der im familieneigenen Weingut in Karneid (bei Bozen) reift und auch dort gekeltert wird – es ist ein Vernatschwein, der dem nahen Magdalener sehr verwandt ist. Hauseigenen Apfelsaft und eigene Kastanien gibt es auch.
An kalten Speisen sei das Hausbrettl erwähnt, mit Speck, Kaminwurzen und Käse; weiters gibt es Käseknödel, Gerstsuppe und Surfleisch als typische Törggelegerichte.

Ebnerhof (Schreckbichl)

Der Hof ist sehr alt und schon 180 Jahre in Familienbesitz, es fehlen also noch 20 Jahre zum Prädikat »Erbhof«. Es finden 30 Personen in einem ebenerdig gelegenen Keller Platz, der in seiner Natürlichkeit und mit einem Gewölbe ausgestattet, zu den klassischen Überetscher Weinkellern zählt. Auf der Terrasse des Hofes haben 50 Leute eine Sitzgelegenheit.
Die Zufahrt erfolgt über Girlan nach Schreckbichl. Der Hof liegt unmittelbar neben der Kirche. Die Zufahrt mit dem Bus ist bis 200 Meter vor dem Hof möglich. Parkplatz vorhanden.
Der Ebnerhof liegt am Wanderweg Nr. 1 nach Montiggl (siehe dazu Wandervorschlag Nr. 2).
Der Wein ist ein Eigenbau: Weißburgunder, Sauvignon, Gewürztraminer und Ruländer, der Rote ein Vernatsch.
Typisch ist hier eine Überetscher Marende mit Bauernspeck, Käse, Würsten usw. Es werden auch kleine warme Gerichte, wie Suppe und Vorspeisen, angeboten. Im Herbst gibt es auf Bestellung eine Schlachtplatte mit Kraut, Knödeln, Fleisch, Würsten.

Ebnerhof
Schreckbichl 37;
Eppan
I: Fam. Ebner
☎ 0471/662201
B: April bis November.
Ö: mittags und abends; Sonntag Ruhetag.
Gasthaus; Vormerkung erwünscht, vor allem an Wochenenden und für Gruppen, denn der Keller ist klein.

Moarhof (Gaid)

Dieser Bauernhof im sehr ruhigen Weiler Gaid in der Gemeinde Eppan (die Großgemeinde reicht bis hierher, obwohl man eigentlich oberhalb Andrian ist) liegt auf etwa 800 Metern Höhe über dem Etschtal.
Die Zufahrt mit dem Pkw erfolgt von St. Michael-Eppan aus über Perdonig auf sehr schmaler Straße. Der Hof ist nicht mit dem Bus erreichbar.

Ornamente und Bogenfenster kennzeichnen den Überetscher Baustil.

Aber dieser Hof ist mehr ein Wanderziel und für die Einkehr am Nachmittag zu einer erfrischenden Marende im Freien geeignet. Man sitzt auf Holzbänken unter großen Nußbäumen oder in der kleinen Stube des Bauernhauses mit sehr alter Täfelung, wo 20 Leute Platz finden. Das Haus steht unter Denkmalschutz und stammt aus dem 16. Jahrhundert. Neben dem Bauernhaus steht eine kleine Kapelle, die von der Bauersfamilie gepflegt wird. Der Hof in schöner und ruhiger Lage ist ein ideales Wanderziel – siehe Vorschlag Nr. 1. Oder man geht von Perdonig über den Höhenweg und – als Rundwanderung – über die Straße zurück. (Einkehr beim aussichtsreichen Gasthaus Lipp). Das Wandern und Einkehren kann man hier vom Frühling bis in den Spätherbst hinein empfehlen.

Essen und Trinken: Es werden ein Weißburgunder und ein Edelvernatsch aus der örtlichen Kellereigenossenschaft ausgeschenkt (offener Landwein, kein Eigenbau). Aus eigener Produktion aber stammen der Holundersaft, der Bauernspeck, die Hühnereier und die Kartoffeln (darauf ist der Bauer stolz). Eine zünftige Brettljause mit Kaminwurzen und Gorgonzola mundet hier allemal gut.

An warmen Gerichten gibt es Gulasch mit Knödeln, Kaiserschmarrn, Käseknödel mit Krautsalat, Schweinernes und Hauswurst mit Kraut sowie Omelett. Empfehlung: Spiegeleier mit Röstkartoffeln.

Moarhof
Gaid, Eppan
I: Fam. Frei
☎ 0471/660035
B: von der Osterwoche bis November; im Juli zwei Wochen geschlossen.
Ö: warmes Essen nur Mittags, abends kalte Gerichte; nur bis 20 Uhr offen; Donnerstag Ruhetag.
Gasthaus; Vormerkung möglich, Samstag und Sonntag notwendig, auch für kleinere Gruppen.

Schloß Sigmundskron – die Überreste der ausgedehnten Festung Sigmunds des Münzreichen vor den Toren der Provinzhauptstadt Bozen (im Hintergrund) beherbergen heute einen Törggelebetrieb.

Schloß Sigmundskron (Frangart)

Das weithin sichtbare Schloß Sigmundskron dominierte einst den westlichen Bozner Talkessel und wirkt noch heute wie ein vorgeschobener Sperriegel des Überetsch. Sigmund der Münzreiche hat das Schloß 1474 erworben und zur größten Burganlage Tirols ausgebaut. Die heutigen Überreste der Mauern und Türme lassen erkennen, daß der Erbauer Geld und Macht besaß. Es gibt nicht mehr viel zu sehen, aber man kann hineinspazieren, sich im originalen Gemäuer niederlassen und am edlen Rotwein erwärmen. Der Betrieb bietet 90 Sitzplätze in drei Räumen: einer großen Stube (»Rittersaal«) und zwei kleinen im gewölbtem Ambiente, weiters 60 Plätze im freien Schloßgarten.
Die Zufahrt ist über Frangart für Pkw und Bus möglich. Von Bozen kommend folgt man der Weinstraße bis zur Ausfahrt Frangart. Vom Parkplatz sind es sieben Minuten bis zum Schloß.
Als Wanderziel ist Sigmundskron weniger geeignet. Ideal ist es als Einkehrziel nach einer Wanderung im Montiggler Wald (siehe dazu Wandervorschlag Nr. 2). Das Schloß liegt am Wanderweg Nr. 1, der von der Etschbrücke über den Marklhof und Schreckbichl zum Montiggler See führt.
Essen und Trinken: Es gibt keinen Eigenbauwein, dafür aber einen »Nuien« zum Törggelen im Herbst, dazu eine große Auswahl an Sortenweinen quer durch Südtirol und ein gutes Sortiment an

Sigmundskron
Frangart, Eppan
I: Fam. Dösel
☎ 0471/633145
B: ganzjährig geöffnet, Törggelen von September bis Dezember.
Ö: durchgehend bis 1 Uhr nachts geöffnet; Montag bis Dienstag Nachmittag Ruhetag.
Gasthausbetrieb im Schloß Sigmundskron; ideal für große Gruppen, Vormerkung möglich und am Samstag und Sonntag absolut erforderlich.

italienischen Weinen. Als offener Wein wird ein Vernatsch aus Girlan ausgeschenkt, und im Oktober gibt es einen »Suser«.
Spezialität des Schlosses ist das Brotzeit-Buffet mit allem, was es zum Törggelen braucht – und soviel man davon will. Außerdem empfehlen sich Schlachtplatte mit Rippelen und Kraut oder gebratene Kastanien.

Unterhauser Weinstadl (Eppan)

Unterhauser Weinstadl
Missian, Eppan
I: Fam. Ebner
☎ 0471/636037
B: zwei Wochen vor Ostern bis Ende November.
Ö: von 10 Uhr durchgehend bis 19 Uhr; Montag Ruhetag
Gasthaus; Vormerkung nur für Gruppen notwendig.

Der alte Stadel wurde ebenerdig zum rustikalen Lokal ausgebaut und mit altem bäuerlichem Gerät dekoriert und mit 150 Sitzgelegenheiten ausgestattet. Im Garten und auf der Wiese ist Platz für weitere 170 Personen.
Der Betrieb liegt in Missian, einer Fraktion der Großgemeinde Eppan. Die Zufahrt erfolgt über St. Pauls; von Süden kommend fährt man an Schloß Korb vorbei Richtung Hocheppan, von Norden kommend biegt man nach Missian vor St. Pauls rechts ab. Die Zufahrt mit dem Bus ist nach Missian schwierig, da es dort keine Parkplätze gibt.
Für den Wanderer ist hier die Drei-Burgen-Wanderung der beste Tip und das ganze Jahr über zu empfehlen. Wegverlauf: Beim Unterhauser der Straße entlang hinauf nach Hocheppan (Einkehrstätte, Besichtigung der Kapelle, herrlicher Rundblick). Von hier zunächst Abstieg auf steilem Weg in die Schlucht und imposanter Aufstieg über gesicherte Treppen durch Buschwald hinüber zur Ruine Boymont. Von dort Abstieg nach Schloß Korb (Schloßhotel) und zurück zum Weinstadl.
Beim Unterhauser gibt es einen Vernatsch »Vajolettrunk« als Eigenbau und einen Terlaner Weißburgunder von der gleichnamigen Kellerei sowie eigene Säfte und hausgemachten Speck. Grillwürste, Grillspieße sind die Spezialitäten des Hauses, im Herbst gibt es Hauswurst mit Kraut, Surfleisch und gebratene Kastanien.

Seewolfskeller (Kaltern)

Der ebenerdig gelegene Seewolfskeller ist der typische Törggelekeller in dieser Weingegend. Hier finden 150 Personen Platz. Im Freien auf der überdachten Terrasse sind weitere Sitzgelegenheiten. Der Seewolf liegt herrlich inmitten der schönsten Rebenlandschaft am Kalterer See und ist hier mit seinen 500 Jahren des Bestehens der älteste Hof. Es gibt jeden Abend Stimmungsmusik.

Wein-Kultur, einmal anders: Das Südtiroler Weinmuseum in Kaltern ist eine interessante Adresse für alle, die mehr über den Weinanbau und seine Tradition erfahren wollen.

Die Zufahrt erfolgt mit dem Pkw von der Weinstraße aus, von Kaltern kommend geht es nach dem Hotel »Seeleiten« rechts ab. Mit dem Bus empfiehlt sich die Auffahrt beim »Sonnleiten«; Parkplatz vorhanden.
Der Hof liegt am Wanderweg zur Altenburg Klamm. Die Rundwanderung im Wandervorschlag Nr. 1 (»Kalterer Höhenweg«) beschrieben, kann man auch von der Weinstraße aus unternehmen. Das Durchsteigen der Klamm (Schlucht) ist beeindruckender, wenn man von unten kommt.
Gastronomie: Beim Seewolf gibt es einen typischen Kalterersee-Eigenbauwein, der ringsum am Hof gedeiht.
Selbstgemacht sind auch der Apfel- und der Traubensaft. Es gibt Brettljause oder kalte Platte sowie eine große Käseauswahl. Warme Speisen: Stockfischgröstl, Herrngröstl, Seewolfsuppe (pikant). In der Törggelezeit werden Schlachtplatte mit Rippelen, Koteletts, Würste, Schweinsschopf, Kraut und Blutwürste sowie als Nachspeise Polsterzipfel und gebratene Kastanien angeboten.

Seewolfskeller
St. Josef
am See 60, Kaltern
I: Fam. Ambach
☎ 0471/960020
B: ganzjährig geöffnet.
Ö: abends von 17 bis 1 Uhr; Dienstag Ruhetag.
Gasthaus; Vormerkung für Gruppen ratsam.

Nikolauskeller (Kaltern)

Dieser typische Überetscher Weinkeller in der Fraktion St. Nikolaus ist ein Abendlokal mit über 100 Sitzplätzen in drei verschiedenen Kellerräumen, ebenerdig zugänglich und mit schönem, echtem Gewölbe. Weiters gibt es 50 Sitzplätze auf einer großen

Zur folgenden Doppelseite: Die Hänge bei Missian, in die Sonne gerichtet und geschützt vom steil abfallenden Mendelkamm, sind wie geschaffen für die Erzeugung guter Weine.

Nikolauskeller
Strengenweg 17,
Kaltern
I: Fam. Morandell
☎ 0471/962037
B: von Ostern bis November.
Ö: täglich von 17 bis 24 Uhr; kein Ruhetag.
Jausenstation; Vormerkung möglich, aber nicht notwendig; bei Gruppen ist die Anmeldung erwünscht.

Terrasse, auf der es sich gerade im Sommer abends herrlich sitzen läßt. Aber auch im Herbst kann man in Kaltern abends im Freien gut törggelen, dennoch zieht es die Leute zur späteren Tageszeit in die urigen, sprich echten Weinkeller.
Die Zufahrt ist nur mit dem Pkw möglich, nicht mit dem Bus; Parkplätze sind vorhanden.
Der Keller liegt im Dorf und somit nicht direkt am Wanderweg. Aber Wandermöglichkeiten, allesamt gut bezeichnet, gibt es um Kaltern zur Genüge.
Der Kellerbetrieb ist Teil eines alten Weinhofes. Der rote Vernatsch ist ein Eigenbau der Familie Morandell. Aber es gibt natürlich auch weiße und rote Kalterer Sortenweine. Empfehlenswert ist hier eine typische Kalterer Marende mit Bauernspeck, Käse und Kaminwurzen. Warme Gerichte werden keine angeboten, dafür gibt es ab September gebratene Kastanien.

Torgglkeller (Kaltern)

Torgglkeller
Bichl 2, Kaltern
I: Fam. Atz
☎ 0471/963421
B: April bis November.
Ö: durchgehend von 11 bis 24 Uhr; Ruhetag: bis August Samstag, im Herbst kein Ruhetag während der Woche, aber Samstags nur von 17 bis 24 Uhr geöffnet.
Gasthaus-Jausenstation; Vormerkung ist nur für Gruppen möglich und auch ratsam.

Der Keller ist in originalem Gemäuer und mit altem Gebälk abgedeckt, wie es die Weinkeller früher waren. Die Keller mit Gewölbe waren schon Zeichen von fürstlichem Reichtum oder zumindest von einem der beiden Attribute.
Im Freien sitzt man auf einer großen Terrasse mit freiem Blick auf den Kalterer See. Das Anwesen soll einmal ein Kloster gewesen sein und der Garten ist heute ein sicherer Kinderspielplatz. Es ist also ein besonderer Tip für Familien mit kleinen Kindern: Die Eltern sitzen gemütlich beim Törggelen und die Kleinen sind gut aufgehoben. Es werden 250 Sitzplätze geboten, davon 150 im Keller und 100 im Freien.
Dieser schöne und echte Torgglkeller liegt im Dorfzentrum von Kaltern. Zufahrt ist deshalb nicht möglich; es wird die Anfahrt zu den Parkplätzen Paterbühel oder Rottenburgplatz angeraten. Busse parken noch besser bei den großen Kellereien am Dorfeingang. Zugang von den Parkplätzen fünf bis zehn Minuten.
Für die Gemütlichen sei hier einmal ein Spaziergang durch das verkehrsberuhigte Weindorf angeraten, mit einem Besuch des Weinmuseums, das ebenfalls im Dorfzentrum liegt.
Das Sortiment an Weinen entspricht dem Angebot der Ersten Kellereigenossenschaft von Kaltern, deren Produkte hier angeboten werden, weil die Familie Atz Mitglied derselben ist und dorthin natürlich die eigenen Trauben liefert.

Schloß Ringberg über dem Kalterer See und den ihn um säumenden Weinkulturen.

Gastronomie: Es gibt im Torgglkeller keine warmen Gerichte, dafür eine typische Brettljause mit Speck, Kaminwurzen und ein besonderes Käsesortiment. Zu empfehlen: das große Salatbuffet. Frischkäse und Mehlspeisen stammen aus eigener Herstellung, und ab Oktober gibt es gebratene Kastanien und Suser.

Drescherkeller (Kaltern)

Der Drescher ist der klassische Kalterer Weinkeller. Er liegt im Dorfzentrum und ist Teil eines historischen Gebäudes, das seit 1635 im Familienbesitz ist. Es war ursprünglich ein Jagdschlößl, das von den Herrn von Reich erbaut wurde. Heute ist es vor allem ein Tagesbetrieb mit 100 Sitzplätzen in alten originalen Kellerräumen mit Natursteinmauern; weitere 100 Sitzgelegenheiten befinden sich in einem typischen Überetscher Innenhof mit viel südlichem Flair.
Die Zufahrt ist nicht möglich, am besten parkt man sein Auto am Rottenburgplatz oder bei den Kellereien am Dorfeingang.
Ein Spaziergang durch das Dorf ist immer zu empfehlen (Weinmuseum, Pfarrkirche), oder man kommt direkt von einem der Wanderwege zurück, die in Vorschlag Nr. 1 beschrieben sind.
Wer nicht wandern will, kann auch von St. Anton mit der Standseilbahn zum Mendelpaß hinauffahren.
Der Drescherkeller ist eine gute Weinadresse, denn hier gibt es

Drescherkeller
v.-Buol-Platz 3
Kaltern
I: Fam. Drescher
☎ 0471/963119
B: geöffnet von Ende April bis 1. November.
Ö: durchgehend von 10 bis 20 Uhr; Dienstag Ruhetag.
Gasthaus; Vormerkung ist möglich, aber im großen Keller und im Innenhof mit seinen Oleandern findet man immer irgendwo ein Plätzchen.

einen Kalterersee-Eigenbauwein vom Weingut »Hüttengütl« am See und in der zweiten Oktoberhälfte einen »Nuien«. Darüberhinaus wird eine große Auswahl an Sorten- und Qualitätsweinen aus ganz Südtirol angeboten.
Je nach Jahreszeit gibt es hausgemachten Trauben- und Apfelsaft. Der Drescherkeller bietet nur kalte Gerichte: einen guten Speck und eine große Käseauswahl.

Zur gegenüberliegenden Seite: Am sichersten hinter Gittern – ein edler Wein will seine Ruhe.

Buschenschank Weis (Tramin)

Der Buschenbetrieb ist in einem alten Weinhof in der Dorfmitte von Tramin untergebracht. Er ist also zentral gelegen und mit dem Pkw erreichbar; für den Bus gibt es Parkmöglichkeiten am Mindelheimer Parkplatz in zehn Minuten Entfernung.
Der Hof verfügt über 90 Sitzplätze in zwei Kellerräumen unterschiedlicher Größe, mit alten Naturmauern und einem klassischen Gewölbe. Im Freien laden weitere 20 Plätze im Hofgarten unter einer gemütlichen Weinlaube, zum Verweilen ein.
Der Hof liegt ob seiner zentralen Lage nicht am Wanderweg, aber wer zu Fuß nach Kastelaz zur Kirche St. Jakob mit den merkwürdigen »Bestiarien«-Fresken hinaufspaziert, kommt hier vorbei. Für die Wanderer siehe Vorschlag Nr. 1c.
Beim Weis gibt es Eigenbauweine: Weißburgunder und für die Rotweinfreunde Vernatsch und Merlot. Als Sortenwein sei hier obligaterweise ein Gewürztraminer der Kellerei Walch empfohlen. Hausgemacht sind der Apfelsaft und der Holundersaft (Blütensirup). Letzterer soll besonders wohltuende Wirkung haben – aber die wird auch dem Gewürztraminer nachgesagt.
Am Brettl gibt es Speck, Käse, Kaminwurzen. Der Bauernspeck ist hier hausgemacht und deshalb besonders gut, auch wenn man vergebens nach dem Schweinestall schaut, denn einen solchen hat heutzutage kein Weinbauer mehr.
Warme Gerichte: Gulaschsuppe, Hirtenmakkaroni, Bauerntoast. Ab September gebratene Kastanien.

Buschenschank Weis
J.-v.-Payer-Str. 25; Tramin
I: Fam. Weis
☎ 0471/860851
B: vom 1. April bis 25. Juni und vom 15. Juli bis 15. November.
Ö: nur Abendbetrieb von 17 bis 24 Uhr; Mittwoch Ruhetag, ab Juli Samstag Ruhetag.
Vormerkung nur für Gruppen notwendig.

Gummererhof (Tramin)

Der Gummererhof liegt auf 750 Metern Höhe linksseitig am Höllenbachtal, das sich vom Roen ins Weindorf Tramin hinabstürzt.
Der Buschenschank hat für etwa 40 Leute in zwei Stuben Platz (eine davon ist getäfelt). Weiters finden auf einer schönen, teil-

Ein Versprechen für die kommenden Jahre – so sieht der Südtiroler Vernatsch aus, bevor ihn kundige Winzer zu Wein werden lassen.

weise überdachten Terrasse nochmals 50 Personen gemütliche Sitzgelegenheiten.
Die Zufahrt mit dem Pkw ist über Tramin-Söll möglich, für Busse gibt es keine Zufahrt.
Aber der Gummererhof ist vor allem ein lohnendes Wanderziel, und als solches erreicht man ihn am besten über den Überetscher Höhenweg (siehe dazu Wandervorschlag Nr. 1c).
Der Wein ist ein bodenständiger Eigenbau, auch wenn der Hof mit seinen 750 Höhenmetern am Rand der Zone des Weinanbaus liegt. Auf dieser Höhe gedeiht besonders der Müller-Thurgau zu einem frischen Weißwein, weil er hier oben nicht zu lieblich wird. Weiters gibt es einen Weißburgunder und einen Vernatsch.
Zum Wein wird hier eine zünftige Marende serviert: Es warten Törggelefreuden mit Speck, Käse, Salami und Kaminwurzen am Brettl. Die warmen Gerichte beschränken sich hingegen auf Kaiserschmarrn, Omeletten und Spiegeleier.
Der herbstliche Wanderer auf der Suche nach einem frischen »Weinl« kommt hier fast nicht vorbei, auch wenn der Speisezettel keine üppige Speisenauswahl verspricht.

Gummererhof
Söll; Tramin
I: Fam. Pernstich
☎ 0471/860430
B: 15. März bis 15. November.
Ö: Tagesbetrieb, Abends nur kaltes Essen; Montag Ruhetag.
Buschenschank; Vormerkung ist möglich, aber nicht notwendig.

Die Gegend um Bozen

Daß Bozen *die* Handelsstadt Südtirols war und heute noch ist, sieht man ihr auf den ersten Blick an. Heute allerdings sagt man auch hier schon *shopping* und nicht einkaufen – und das tut man am besten unter den altehrwürdigen Lauben. Je nach Währungslage boomen mal die einen, mal die anderen Mitbringsel.
Daß Bozen aber auch eine weinproduzierende Stadt ist, wissen viele nicht, weil sie die Rebhänge von St. Magdalena, Leitach und Guntschna nicht mit dieser Stadt verbinden, die so viele Facetten hat: eine mittelalterliche, romanische, gotische und eine postmoderne jenseits der Talfer. Diese letztere lieben die Südtiroler aber ganz und gar nicht, weil die Bauten, die dort in den zwanziger Jahren dieses Jahrhunderts errichtet wurden, an den Faschismus erinnern, auch wenn die Straßenzüge von bedeutenden Architekten der damaligen Zeit stammen.
Wer das andere Bozen entdecken will, muß über die Rittner oder die Jenesier Straße hinauffahren oder, noch besser, über die alten Wege und Promenaden durch die Weinhänge hinauf zu den Höfen wandern, wo es Eigenbauweine gibt und bäuerliche Hausmannskost aufgetischt wird.
Oberhalb von Signat, in Oberbozen oder in Glaning findet man Weinhöfe, die nicht nur die Lieblingsziele der Bozner sind, sondern längst von den Gästen aus dem Süden und aus dem Norden entdeckt wurden und als Geheimtips weitergegeben werden.

Der Wein wächst den Boznern geradezu zu den Fenstern hinein … Die Weinhänge von St. Anton.

Das Wander- und Törggelegebiet im Norden von Bozen.

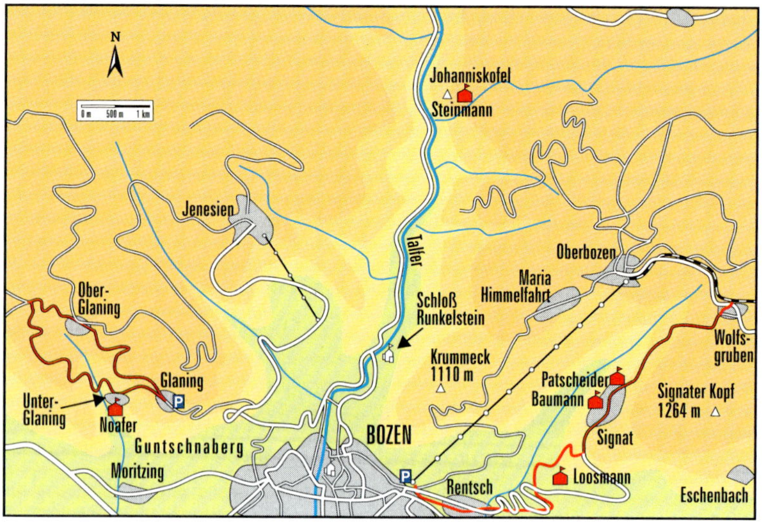

Wandervorschlag Nr. 1: Glaning

Mit dem Auto fährt man von Bozen Richtung Jenesien. Diese noch neuere Panoramastraße führt über Guntschna zwischen den steilen Rebhängen hindurch auf die Hochfläche des Salten und des Tschögglberges.
Wir biegen links ab nach Glaning. Achtung: Die Einfahrt ist steil und nicht leicht zu sehen.
In Glaning kann man trotz schmaler Straße parken. Nach gut 100 Metern zu Fuß der Straße entlang biegt man rechts ab (Beschilderung »Oberglaning«). Der Weg führt durch den Wald hinauf zum Gasthaus Plattner in Oberglaning (schöner Blick ins Überetsch und hinüber zum Gantkofel).
Von hier den Höfeweg entlang nach Unterglaning und rechts ab hinunter zum Buschenschank und Törggelehof »Noafer«.
Rückwanderung dem Fahrweg entlang bis nach Glaning (Einkehrstätte Messner).
Gehzeit: 2 Std.

Wandervorschlag Nr. 2: Bozen–Oberbozen–Signat

Mit der Rittner Seilbahn von Bozen nach Oberbozen und mit der Schmalspurbahn (die bis nach Klobenstein führt) nach Wolfsgruben. Hier bietet sich der Besuch des historischen Plattnerhöfls an, wo auch das Südtiroler Bienenmuseum unterge-

bracht ist (Nähe Bahnhof). Bis dorthin kann man die Strecke auch in 20 Minuten zu Fuß begehen.
Von Wolfsgruben folgen wir dem Weg Nr. 5 nach Signat hinunter, vorbei an den beschriebenen Törggelehöfen bis nach Rentsch und von dort der Straße entlang zurück zur Rittner Talstation.
Gehzeit: 1 1/2 Std.

Törggelebetriebe um Bozen

Loosmannhof (Ritten)

Dieser Weinhof auf 650 Metern Höhe gehört mit dem Patscheider zu den am schönsten gelegenen Höfen in Signat, diesem begnadeten Weinhang oberhalb von Bozen, der aber doch schon zum Ritten gehört. Hier bieten zwei Stuben etwa 60 Personen gemütliche Sitzplätze. Eine Stube ist alt und gänzlich getäfelt, die zweite nur bis in halbe Höhe (eine sogenannte brustgetäfelte Stube). Zudem bietet der Hof Platz für weitere 50 Personen auf rustikalen Bänken im Freien. An sonnigen Tagen kann man in Signat bis in den Dezember hinein mittags im Freien sitzen.
Die Zufahrt ist mit dem Pkw über die Rittner Straße möglich, in St. Justina biegt man links in eine kaum erkennbare und steile Höfestraße ein, die für viele abenteuerlich, schmal und steil wirkt. Bus kommt hier keiner durch, aber auch sonst ist diese Gegend eher dem Wanderer anzuraten (siehe dazu Wandervorschlag Nr. 2).
Für Pkw und Bus empfiehlt sich auch die Zufahrt über Wolfsgruben; von dort Abstieg nach Signat. Der Hof liegt direkt am Wanderweg Nr. 5, Wolfsgruben–Signat–Rentsch.
Die Geschichte weiß zu erzählen, daß hier einmal eine Burg stand, die niedergebrannt wurde. An ihrer Stelle entstand der Hof mit altem schönen Kellergewölbe, wo heute der Wein ruht.
Der Wein ist natürlich ein Eigenbau, der Müller-Thurgau sogar ein DOC-Qualitätswein; außerdem gibt es noch einen Sylvaner. Der Rote ist ein Magdalener, also ein Vernatschwein.
Aber es gibt sogar hier in dieser gesegneten Weinlandschaft Apfel-, Himbeer- und Holundersaft.
Allein ein hausgemachter Speck und eigene Kaminwurzen zum Wein machen das Einkehren schon lohnend. Es warten aber noch andere köstliche Dinge: Käseknödel, Schlutzer, Spinatknö-

Loosmannhof
Signat 177,
Oberbozen-Ritten
I: Fam. Wenter-Pircher
☎ 0471/365237
B: 15. Februar bis 15. Mai und 15. September bis Mitte Dezember.
Ö: mittags und abends; kein Ruhetag.
Buschen; Vormerkung möglich und an Wochenenden unbedingt notwendig auch für Gruppen, selbst wenn kein Bus hinkommt. Dafür ist es auch außerhalb der genannten Betriebsmonate möglich einzukehren, wenn man vorher anruft.

del und vor allem gebratene Rippelen und Stelzen, zum Schluß Knieküchel. Wer alles ißt, bekommt einen selbstgebrannten Nusseler-Schnaps.

Steinmannhof (Ritten)

Steinmannhof
Wangen 9; Ritten
I: Fam. Winkler
☎ 0471/602042
B: sechs Monate von Oktober bis März, doch kann der genaue Termin von Jahr zu Jahr variieren; aber zur Haupttörggelezeit ist der Hof stets offen.
Ö: mittags und abends durchgehend; kein Ruhetag.
Buschenschank; Vormerkung ist erwünscht, für Gruppen notwendig.

Der Steinmannhof, ein Buschenschank auf 580 Metern Höhe, ist ein kleiner Hof mit einer getäfelten Gaststube für etwa 30 Personen; für die warme Jahreszeit stehen vor dem Haus auf der Wiese noch einige Tische für 20 Leute bereit.
Die Zufahrt zum Haus ist direkt nicht möglich. Obwohl zur Gemeinde Ritten gehörend, erreicht man den Hof am besten über die Sarntaler Straße. Nach dem 13. Tunnel leitet eine Brücke über die Talfer und der Weg führt hinauf nach Wangen. Parkmöglichkeiten hinter dem 14. Tunnel.
Auch vom Ritten aus ist der Hof erreichbar, jedoch ist diese Möglichkeit mit dem Auto ungeeignet, weil es keine Parkmöglichkeit gibt. Der Hof erhebt sich in sehr steiler Lage direkt neben der Kirche am Johanniskofel. Dieser fast monolitische Steinblock in der Sarner Schlucht, ist ein bedeutender prähistorischer Siedlungsplatz mit zahlreichen Funden – kein Wunder bei dieser exzellenten strategischen Lage.
Zu Fuß erreicht man den Hof von Oberbozen aus auf dem Weg Nr. 2 über Wangen und von dort hinunter zum Johanniskofel. Der Steinmann ist in dieser Fraktion der tiefstgelegene Hof; von hier kann man zur Sarntaler Straße absteigen und mit dem Bus zurück nach Bozen fahren (bei Benützung der Seilbahn zum Ritten Rundwanderung ohne Benützung des Autos).
Beim Steinmann ist alles Eigenbau: der Wein – Müller-Thurgau und Vernatsch –, der Bauernspeck, die Kastanien, die Kartoffeln, das Kraut usw. Zu empfehlen sind Speckbrettl mit Käse und neuen Kartoffeln oder gemischte warme Platte mit Schweinefleisch, Rippelen, Hauswurst, Kraut und Knödeln. Auch für den Nachtisch ist gesorgt.

Patscheiderhof (Ritten)

Der Hof ist herrlich gelegen, hoch oben an der Weingrenze, mit großzügigen Tiefblick auf den Bozner Talkessel und hinüber ins Überetsch, und ein bißchen sieht man auch von den Dolomiten. Der Patscheider auf 760 Metern gehört zu den Törggele-Klassi-

Blick auf den Weinhügel von St. Magdalena, dem einer der besten Südtiroler Weine seinen Namen verdankt.

kern in der Bozner Umgebung, wo gerade in Signat, Justina und Leitach der Bozner-Leitn-Wein wächst. In der 300 Jahre alten getäfelten Stube finden 30 Personen Platz. Es ist die einzige Nichtraucherstube in einem Südtiroler Törggelebetrieb. Auf der Terrasse, von Kastanienbäumen umrahmt, haben hingegen 70 Leute Platz. Der Hof ist alt und wurde schon im 15. Jahrhundert in den Rittner Annalen erwähnt.

Zum Törggelen muß man nach Signat hinabsteigen – am besten zu Fuß, denn die Straße zu den Höfen, die bei St. Justina links von der Rittner Straße abbiegt, ist steil und schmal und nicht jedermanns Sache. Aber man kommt hinauf bis zum Patscheider und findet dort auch einen Parkplatz. Für Busse ist die direkte Zufahrt nicht möglich.

Der Hof ist auch über den Wanderweg Nr. 5 zu erreichen, der von Rentsch (Bozen) über Signat nach Wolfsgruben am Ritten führt (siehe Wandervorschlag Nr. 2).

Eigenbauwein ist angesichts der Tradition des Hofes Pflicht, und zwar wird der Weiße als Müller-Thurgau und als Sylvaner serviert, der Rotwein ist ein Vernatsch. Frischer Apfelsaft und vor allem der Speck und die Kaminwurzen sind hausgemacht.

Patscheiderhof
Signat 178, Ritten
I: Fam. Rottensteiner
☎ 0471/365267
B: ganzjährig mit Ausnahme von Juli.
Ö: ganztägig; Dienstag Ruhetag.
Gasthaus; Vormerkung ist möglich und im Herbst absolut notwendig, für Gruppen kann nur die Stube vorgemerkt werden.

Die Auswahl an Speisen ist groß: Neben den Käsenocken und den Spinatknödeln sind als Spezialität die Ronenknödel (Rote Bete) besonders zu erwähnen, daneben gibt es gemischt Gekochtes (Rindfleisch, Kalbfleisch, Zunge, Cotechino) mit grüner Soße, Hasenbraten, Lammbraten, Hauswurst mit Kraut.
Auch bei den Süßspeisen ist die Wahl eine Qual: Mohnkuchen, Karottentorte, Strauben und ab Oktober Kastanientorte. Die Kastanien gibt es im Herbst natürlich auch gebraten.

Baumann (Ritten)

Baumann
Signat 6, Ritten
I: Amalie Höller
☎ 0471/365206
B: Oktober bis Dezember und März bis Mai.
Ö: mittags und abends durchgehend; Montag Ruhetag, im Herbst kein Ruhetag.
Bauernbuschen; Vormerkung ist für den Abend sehr zu empfehlen; Gruppen nur bei Vormerkung.

Der Baumann ist ein alter Weinhof und war vor Jahrhunderten auch Gerichtshaus. In diesem Bauernbuschen haben in einer größeren und einer kleineren Stube 35 Personen Platz, und auf der Terrasse unterm Flieder stehen weitere Tische für 20 Leute.
Der Hof liegt in etwa 600 Metern Höhe in Signat in der begnadeten Sonnenlage oberhalb von Bozen und ist von den beschriebenen Höfen der erste in der steilen Auffahrt, die von der Rittner Straße links abbiegt. Achtung auf die leicht zu übersehende Einfahrt. Keine Zufaht mit dem Bus.
Für die Wanderer: Beste Empfehlung ist die Auffahrt mit der Rittner Seilbahn nach Oberbozen und der Abstieg über Signat. Der Weg führt an allen Höfen vorbei, und man könnte theoretisch bei allen einkehren.
Der Eigenbauer liefert einen Müller-Thurgau und einen Vernatsch in bester Magdalener Tradition. Holunder- und Apfelsaft stammen auch vom Hof.
Zu essen gibt es Speck, Kaminwurzen, Graukäse sauer, Schlutzkrapfen, Hauswurst mit Kraut (Sauerkraut und ab November Rübenkraut), Kloatzen-Krapfen, Strauben, gebratene Kastanien und Nüsse. Der hausgemachte Speck ist Privileg der Stammgäste.

Noafer (Jenesien)

Dieser Betrieb liegt auf 760 Metern Höhe in Oberglaning, einem ebenso kleinen wie abgeschiedenen Ort über dem Bozner Talkessel. Es ist die Obergrenze für den Weinbau und die Kastanienbäume. Der Hof verfügt über 60 Sitzplätze in zwei Stuben, einer sehr alten getäfelten Bauernstube und einer neuen nur halb getäfelten, weiters über 60 Plätze im Freien auf einer Terrasse oder unter Obstbäumen.

Siebeneich bei Terlan: Der Mensch macht sich klein und bescheidet sich mit wenig Platz, damit es sich der Wein gutgehen lassen kann.

Die Zufahrt erfolgt von Bozen aus zunächst Richtung Sarntal. An der Nordausfahrt der Stadt Bozen zweigt links die erst vor wenigen Jahren eröffnete Autostraße nach Jenesien ab. Diese windet sich über Brücken und durch Tunnels die steilen Weinberge oberhalb von Guntschna hinauf. Die Abzweigung der schmalen Straße nach Glaning ist leicht zu übersehen, zudem steil und schmal. Man läßt das Auto am besten bei der ersten Parkmöglichkeit stehen und geht zu Fuß nach Unterglaning (Spaziergang) oder folgt dem Wandervorschlag Nr. 1. Mit dem Bus kann man nicht nach Glaning fahren.
Der Hof befindet sich unterhalb der Straße und ist auch über einen längeren Aufstieg von Siebeneich (Gemeinde Terlan) zu erreichen. Dieser markierte Weg führt steil durch Buschwald und auf einem sehr alten Plattenweg am Sauschloß (Burgruine) vorbei direkt zum Noafer; er ist auch als Frühlingswanderung zu empfehlen. Das Sauschloß ist auch Wanderziel vom Noafer aus.
Essen und Trinken: Es werden drei Eigenbauweine ausgeschenkt, und zwar Sylvaner und Weißburgunder und als Rotwein Vernatsch. Der Speck und der Apfelsaft sind hausgemacht, ebenso die Krapfen, die Kuchen und der Strudel.
Warme Speisen: Tiroler Knödel, Käseknödel, frische Rippelen und Hauswürste. Ab Oktober gibt es gebratene Kastanien.
Am Wochenende ist hier viel Betrieb, obwohl der Hof herrlich ruhig und abgeschieden liegt – aber Bozen ist eben nahe …

Noafer
Glaning 11,
Jenesien
I: Fam. Grail
☎ 0471/266539
B: September bis Ende Mai.
Ö: ganztägig geöffnet; Dienstag Ruhetag.
Bauernhof mit Gasthof; Vormerkung für den Abend möglich, auch für Gruppen.

Register